Javier Navarro de Zuvillaga

A *LAS* POETAS
A *LOS* POETAS

Albert editor

A *LAS* POETAS
A *LOS* POETAS
Javier Navarro de Zuvillaga

Texto e introducción
    Javier Navarro de Zuvillaga

Prólogo
    Pilar González España

Cubierta y cuidado editorial
    Albert editor (albert-editor.com)

Depósito legal
    M-6226-2026

ISBN
    979-13-990260-6-1

Impresión
    imprimelibros.com

A *LAS* POETAS
A *LOS* POETAS

Prólogo

El lector descubrirá en estas páginas que no está ante un libro tradicional de poemas. En estas líneas palpita la conciencia de que la poesía es legado y testimonio de voces que dialogan a través de los siglos. Diseminados entre sus páginas están los nombres de numerosos poetas. En realidad, cada poema se dedica a un poeta, hombre o mujer, de ahora o de antes. El autor no se limita a rendirles homenaje, sino que conversa con ellos, los interroga y se mira en el espejo de aquellos que abrieron camino antes o al mismo tiempo que él.

Los nombres convocados forman una constelación diversa que abarca desde la Grecia arcaica hasta la poesía norteamericana del siglo XIX, sin olvidar los destellos esenciales de nuestra tradición hispánica e incluso de nuestra modernidad literaria. Todo está hecho de resonancias, estímulos, respuestas y ecos. El mundo se corresponde: los unos a los otros y los otros a los unos. Un poema lanza enigmas y preguntas, otro las responde dejando en el aire una pregunta que será respondida finalmente con otra pregunta. Y esta reciprocidad de las cosas y los hombres se refleja en el libro.

Javier ha escrito una obra generosa y atenta con los demás, llena de alabanzas y reflexiones sobre otros poetas, donde muestra admiración, sorpresa y respeto. No se trata de homenajes estáticos, sino de encuentros vivos en un diálogo constante con el estilo, las sensaciones y las impresiones que recibe de otros. Está llena de diálogos y referencias ocultas o visibles. Como un álbum de fotos donde quedan plasmadas las sensaciones del que recuerda. Cada poema tiene mecanismos diferentes. Unos le provocan imitación; otros, diálogo, inspiración e incluso debate. El autor se deja afectar por la cadencia, por los climas emocionales, por la respiración propia de cada figura evocada. A veces entra en su piel, otras, observa desde la distancia, pero siempre ofrece una lectura viva, personal y sincera.

El germen del libro surgió, como tantas cosas verdaderas, de un encuentro. La relectura de Pessoa —y de las múltiples vidas que habitan en él— encendió una corriente que pronto se extendió a otros nombres. La emoción inicial se transformó en impulso creativo; después, en necesidad y, finalmente, en un proyecto que fue creciendo casi sin que su autor pudiera contenerlo. Es decir, que este libro nació del gesto más antiguo y humano: el de escuchar. Escuchar no como quien oye llover, sino como quien se deja atravesar por una voz ajena que despierta la voz propia.

Pero como la poesía sigue su curso, nuevas voces surgen cada día, y otras esperan todavía ser redescubiertas. Este volumen es apenas una primera entrega de un diálogo sin fin, una estación dentro de un viaje que continuará mientras existan poetas capaces de provocarnos exaltación, preguntas, asombro o consuelo.

Que el lector entre, pues, en estos poemas como quien abre una puerta a muchas otras. Que escuche las resonancias, los cruces, las correspondencias. Que se permita conversar, también él, con quienes aparecen aquí convocados. Porque la poesía —toda poesía— es, en el fondo, una conversación entre almas que no se conocían. Como dice Platón, conocer no es aprender algo nuevo, sino recordar lo que el alma inmortal ya sabía. Por eso, al conocernos, nos reconocemos. Y es que los versos no nacen ni mueren en ninguna soledad. La materia poética es la palabra significante y comunicadora que, en definitiva, nos une tanto en el espacio como en el tiempo. Por ello, respondiendo casi a una tradición más oriental que occidental, Javier insiste en la precisión y la contextualización de cada poema, porque es importante el momento en que se produce el encuentro y el diálogo, las fechas y los lugares.

Por ello, *A las poetas / A los poetas* es simultáneamente un tributo y un diálogo, un canto dirigido a quienes supieron hacer de la palabra un territorio donde habitar y un misterio que explorar. El lector recorrerá el mapa emocional y literario del autor mientras este se enfrenta —con asombro, reverencia y, sobre todo, cercanía— a algunas de las voces que han marcado el imaginario poético universal.

Entre sus versos, el autor escucha primero a los poetas, sí, pero reconoce también su deuda con las poetas creadoras cuya obra, quizás relegada o silenciada por el canon dominante, posee una fuerza que no admite olvido. Las poetas que aquí aparecen, desde Safo hasta Elvira Sastre, desde sor Juana hasta Ida Vitale, desde Rosalía hasta Pizarnik, desde Dickinson hasta Coronado…, componen una genealogía quebrada, luminosa y ardua. Son mujeres que escribieron desde la soledad, la injusticia, la pasión, la lucidez o el desgarramiento. Mujeres que tuvieron que conquistar el derecho a decir, a existir a través de la palabra, y ocupar un lugar en la memoria colectiva. Mujeres que, al hacerlo, abrieron un sendero que hoy seguimos recorriendo. Safo, con su fuego de luna y deseo; sor Juana, con su inteligencia luminosa y su ironía insobornable; Avellaneda y su saudade…

Sin embargo, esta obra no se agota en su gesto de homenaje ni en su diálogo con el pasado. También trata con toda naturalidad preocupaciones actuales como la identidad, la belleza fugitiva, la confusión y el ruido de los tiempos, el cambio climático, las ciudades que cambian más rápido que quienes las habitan, la fugacidad de la vida, la memoria que se deshace y renace, el amor correspondido o negado, los cuerpos que hablan y callan, la belleza cada vez más difícil de encontrar, la muerte como interrogación abierta, la política del dolor y la ternura, el precio de la libertad. Y todo ello se aborda no desde la abstracción, sino desde la experiencia vivida, abriéndose a lo íntimo y a lo colectivo.

Este volumen es una primera entrega de esa conversación interminable.

Pilar González España
Cabañas de Yepes, 22-12-2025

Introducción

He escrito poemas desde muy joven cuando me venía la inspiración o cuando un tema o una emoción me provocaban expresarme. Pero se trataba de poemas sueltos y aunque obviamente había grupos de poemas que se referían a un tema determinado no tuve la impresión de haber escrito un poemario.

Cabría entonces preguntarse si este libro es un doble poemario o no. Bien es cierto que la temática de ambos es común: todos los poemas están dedicados a las/los poetas.

Voy a explicar cómo surgió lo que recoge este libro.

Había dedicado ya algunos poemas a unos pocos poetas de ambos géneros y a un autorretrato de un pintor (Sta. Teresa de Jesús, Alejandra Pizarnik, Rafael Alberti, Federico García Lorca, Eugenio Granell).

Con ocasión de una corta estancia en Toledo en 2005 llevé conmigo una antología de Pessoa que ya había leído, pero que me apeteció volver a leer porque su poesía me gusta mucho.

La lectura de algunos de los poemas de Pessoa y sus heterónimos provocó en mí la necesidad de expresarme tratando de explorar los mundos que esos poemas plantean, haciendo mías sus preocupaciones en unos casos, planteando las mías en otros, en fin, dialogando con dichos poetas.

Fueron momentos de gran exaltación por mi parte, vibrando con ellos.

Al poco de regresar de Toledo pensé que much@s otr@s poetas podrían provocar en mí momentos de exaltación similares a los que Pessoa me había proporcionado. Así es que empecé a releer a l@s que ya conocía y a leer a much@s otr@s que eran nuev@s para mí.

Cuando ya llevaba unos cuantos poemas dedicados empecé a pensar que quizá estaba desarrollando un poemario algo peculiar, ya que todos los poemas tenían en común el hecho de estar dedicados a (en definitiva, inspirados por) las/los poetas, lo que creo que no es poca cosa.

Así es que seguí escribiendo y escribiendo. No sé si alguien tendrá el dato de cuántos poetas hay de cada género. Lo que sí sabemos es que en nuestra "cultura" hay aparentemente más del género masculino. Precisamente por ello cuando me quise dar cuenta había escrito muchos más poemas dedicados a los poetas que a las poetas. Como no me pareció justo emprendí la tarea de leer cuantos más poemas escritos por mujeres pudiera, lo que me deparó muchos momentos de exaltación tan notables como los que me habían proporcionado los poetas.

Lo más probable es que algunos de mis lectores echen de menos a tal o cual poeta, siendo tan premiad@s y tan famos@s. El lector entenderá la doble razón que hay para esto. Por un lado son demasiad@s y por otro es necesario que sus poemas provoquen en mí la exaltación a que antes me refería, pues si no, no habrá poemas dedicados a ellos por mí.

En cuanto a mis poemas a veces me pongo en el lugar del/la poeta a quien se lo dedico, llegando en ocasiones a identificarme con él/ella o hago mía la situación que plantea y la transito. En lo relativo a la versificación también en ocasiones me dejo llevar por la del poema homenajeado y en otras dialogo con una versificación completamente diferente.

Finalmente debería decir que este es un poemario no sólo inacabado, sino también inacabable, pues, aparte de haber ya muchísim@s poetas está claro que cada día surgen nuev@s poetas en todo el mundo.

Así es que quizá podamos considerar este libro como una primera entrega de ese inacabable poemario.

Yo, desde luego, seguiré dedicando poemas a aquell@s poetas que me inciten a hacerlo.

Madrid, septiembre de 2025

A *LAS* POETAS

(dibujo de Elena Martí)

a las Marías

(Desde siempre y hasta ahora.)
Por su pasión continuada.

¡Pobre María!
Condenada por deseo divino
A no conocer hombre.

Obligada por el destino
—Así estaba escrito—
A sufrir la pasión de su hijo,
Su tortura y muerte
En pro de una salvación imposible.

¿Quiénes urdieron esta trama
De horrorosas consecuencias?
Pues María
Ha sido puesta de modelo
Para todas las mujeres.

¡Pobres Marías!

Pareciera que algunos hombres
Hayan tomado ejemplo
Y las hacen sufrir
Maltratándolas,

Violándolas,
Dándoles muerte
Y asesinando a sus hijos

¡Pobres Marías!

Madrid, 2-04-2024

a Safo de Lesbos

(650 / 610 a. C. - 580 a. C.)
Por toda su obra conocida.

I

¡Oh, tú, Safo, la décima musa!
Fervorosa de la diosa Chipriota
Que preferías la persona amada
—Atis, Mica y tantas otras—
A todos los ejércitos del mundo.

Que echabas de menos a tu alumna Anaktoria,
La de paso gracioso y rostro brillante,
A la que preferías
Sobre los soldados con sus carros y sus armas.

¿Es cierto que Helena era tan hermosa?
¿Fue su belleza la causa de la guerra de Troya?

Entonces
¿Acaso el amor es la paz?

II

¡Oh, tú, Safo!
Amante de la belleza,

No sólo de la humana,
También de aquella
Que la naturaleza te ofrecía.
Tú la encontrabas
Tanto en el huerto de tu templo
Como en el cielo
Donde las estrellas
Son la diadema de la luna.
O en la manzana que enrojece en el árbol
Pues pende de una rama tan alta
Que resulta inalcanzable.
Y en la purpúrea flor del jacinto
Que aún muestra su belleza desde el suelo
Entre las hojas pisoteadas por los pastores.

Tú, conmovida en las entrañas
Por un viento erótico
Como el que sacude a las encinas en el monte.
Y cuyo corazón ardiente
Se refresca con la llegada del ser amado.

Tú, que embelleciste a Atis con tu amor
O quizá su excelencia te hizo ver su hermosura.
Y que te despediste de aquella muchacha
Que abandonaba el templo con tristeza
Alentándola a irse contenta
Recordando el amor que teníais por ella
Y las hermosas situaciones que gozasteis juntas.

Leerte ahora, Safo,
No es tanto remitirse a tu tiempo
Como gozar contigo
De todas esas bellezas
Con que nos regalas.

Madrid, 9-05-2024

a Santa Teresa de Ávila

(1515 - 1582)
Por su poema *Vivo sin vivir en mí*.
Bien podría Teresa haber escrito este otro poema que
pudiera titularse *Muero por amor*.

I

Sin vivir en mí yo vivo
y mientras la muerte viene
la vida me sobreviene.
Pero no quiero esta vida
aunque esté llena de amor,
porque aunque tenga al Señor
dentro de mí, decidida
a buscar una salida
voy. Si la muerte no viene
la vida me sobreviene.

Así que eres bienvenida,
muerte, llévame contigo
pues esta vida es castigo
que me tiene retenida.
Quiero estar en la otra vida
y si la muerte no viene
esta vida me retiene.

En la otra vida el Señor
ya no estará preso en mí,
seré yo quien esté así,
presa de todo su amor.
Mientras, todo mi dolor
porque la muerte no viene
y la vida me retiene.

II

Sin vivir en mí no vivo
Y mientras la muerte viene
La vida se me retiene

Vivo tan dentro de mí
Que me muero sin amor
Y produce gran dolor
Este vivir siempre así,
Pues otro no conocí.
Y esperando en qué deviene
La vida se me retiene.

Vivir sin amor me duele
Mas no sé cómo encontrarlo
Pues en mi mano está el darlo,
Mas no encuentro a quien consuele
Aunque pido a Eros que vuele.
Y esperando que me aliene
La vida se me retiene.

La vida en esto se alarga
Y el destierro se hace duro
Como un calabozo oscuro
Que torna la vida amarga
Sobrellevando esta carga.
Mientras soledad aviene
La vida se me retiene.

Si acaso hubiera otra vida
La quisiera con amor
Pues es de mucho dolor
Una vida así vivida
Que es como una gran herida.
Si el amor no me sostiene
La vida se me retiene.

Empezada en Toledo en septiembre de 2005
/ Madrid, 15 de junio de 2014

III

Teresa, no te comprendo.
Si el tener a Dios cautivo
en tu cuerpo es motivo
de una gran pasión, no entiendo
que prefieras ir muriendo.
Porque si tú ya no estás
no lo tendrás nunca más.

Y si acaso revivieras
como te han dicho que harás,
entonces no lo tendrás
dentro de ti cual quisieras.
Y eso no es lo que tú esperas.
Porque si tú ya no estás
no lo tendrás nunca más.

Madrid, 27-05-2023

a **Sor Juana Inés de la Cruz**

(1648 o 1651 - 1695)

Por su poema *Correspondencias
entre amar o aborrecer.*

I

No es bueno amar sin ser correspondido
Pero ¿cómo evitar lo que se siente?
Cuando el amor irrumpe cual torrente
¿Cómo se puede dejar en el olvido?

Y si soy yo quien no ha correspondido
¿Es rechazar lo más inteligente?
Si de que amor no hay eres consciente
¿Cómo vas a querer lo no querido?

El sentimiento es quien nos domina
Cuando nos hieren flechas de Cupido
Y ya todo es cuestión de adrenalina.

Pero si no hay correspondencia alguna
Ya seas tú quien ama o es amado
No será ese amor buena fortuna.

Por su poema *Besos*.

II

Es Juana Inés de la Cruz
conocedora de besos
¿Cómo es que puede una monja
saber tanto sobre ellos?

A Judas y a Magdalena
nos propone como ejemplo.
Al primero de traición
y a ella de sufrimiento.

Y dice que desde entonces
palpitan entre los besos
El amor y la traición,
Es decir Ápate y Eros.

Sor Juana Inés de la Cruz
Nos quiere dar un consejo.
Nos previene del amor,
No del divino, por cierto.

Madrid, 25-01-2025

a **Ana María Espinosa y Tello**

(17.. - 1800)
Por su poema *Brote verde que ansía luz*.

Brotamos ávidos de sol
Sobre todo en primavera.

Mas nos desconocemos
y no reconocemos
ni nuestra propia calle
y menos la ciudad
que parece no ser nuestra.

Igual que el planeta
en que estamos,
que tampoco parece nuestro.
Nos permite respirar
Y percibir olores extraños,
algunos desagradables,
signos de destrucción.

¿Dónde está la belleza?
Es lo que más amo
Y sueño con lugares
Donde encontrarla.
Pero no sé dónde están.
Camino sin rumbo fijo,

sin saber hacia dónde.
¿Habré dejado alguna huella
tras de mí?

Sólo la primavera nos salva
aunque brota del infierno que habitamos.

Madrid, 31-12-2018

a **Margarita Hickey**

(1753 - 1793)
Por su poema *Aconsejando una Dama a otra amiga que no se case.*

¿No será que poeta y viuda
tu experiencia de casada
te impulsó, ya enlutada,
a proporcionarle ayuda
a tu amiga que, sin duda,
sin experiencia podría,
incluso con alegría,
cometer el desatino
que tú misma con mal tino
cometiste en lozanía?

Madrid, 10-05-2025

a Gertrudis Gómez de Avellaneda

(1814 - 1873)
Por su poema *Al sol, en un día de diciembre.*

Bajo un cielo gris
al sol,
que allá
en tu lejana tierra
te iluminó al nacer,
imploras
que aparezca,
que rompa,
aunque sea con un rayo,
la grisura.

Tu pecho cansado
lo necesita
y anhelas su ardiente llama
que no aparece.

La niebla te abruma
y lloras
y al astro rey
suplicas
que la rompa
y se muestre.

Yo, nacido
bajo otro sol,
no tan ardiente,
comprendo tu saudade
y me uno a tu ruego.

¡Sal, sol!
Rompe la niebla
¡Yo te imploro!

Madrid, 3-12-2024

a Carolina Coronado

(1820 - 1911)
Por varios de sus poemas.

Amor y muerte, bien has comprendido
Que como dos amantes juntos van
Y que siempre aguardándonos están
Los dos en una flecha de Cupido.

Y aun a veces la muerte te arrebata
A quien es causa de tu amor ardiente
Poniéndote sin pausa frente a frente
La soledad que hará tu vida ingrata.

En tanto la blancura de la rosa
Tu corazón alegra y su hermosura
Te hace olvidar la hiel de tu tristura
Ayudada por una mariposa.

Añorando la luna que está ausente
Cuando aparece al fin te da alegría
Porque atiende amorosa tu porfía
Mostrando su fulgor resplandeciente.

Y ahora a los ángeles convocas
Para llevar tu corazón al cielo

Rogándoles que tapen con su velo
La estela que con tu ruta provocas.

¡Llevadme allá donde mi bien reposa!
Es la excusa que das para tu vuelo
Con el que piensas superar tu duelo
Por medio de una hazaña tan hermosa.

En tu viaje el amor terreno
Se transforma en místico idilio
Llevándote a tu fatal exilio
Para así alcanzar el amor pleno.

Madrid, 8-09-2023

a Emily Dickinson
(1830 - 1886)

Por su poema *113*.

I

¡Qué larga
la travesía de la noche!
Donde el vacío
se acuesta a nuestro lado.

La soportamos
una vez tras otra
fantaseando
con deleites y desdenes.

Aunque parece
que las estrellas nos guían
nos podemos perder
entre la niebla.

Finalmente
el Día lo ilumina todo
y ya
es todo diferente.

Madrid, 22-03-2024

Por su poema *249*.

II

¡Qué cansado
ir
de un lugar a otro
casi
como barco a la deriva!

Así
que aquí me quedo
al abrigo
añorando las noches locas
esas que serían nuestro lujo
si estuvieras a mi lado.

En este mar de la vida
quisiera remar
hasta llegar a ti
y quedar
ahí anclado.

Madrid, s/f

Por su poema *917*.

III

Amor es vida
amor es muerte.
Se crea por amor
Y en la tierra florece.

Madrid, 21-02-2024

Por su poema *1129*.

IV

¡Qué difícil
saber
cómo hay que decir
las cosas!

La verdad
parece tan simple,
tan entendible
por todos.

Mas no
¡cuidado!
Si la dices tal cual
puedes dejar ciego
a más de uno.

Madrid, 22-03-2024

Por su poema *1212*.

V

Las palabras
sólo están muertas
cuando no se pronuncian.

Pero dichas
son un ser vivo.
Unas aciertan su lugar
según se escuchan,
otras buscan su destino.

Hay también
palabras prisioneras
que no aciertan a salir
de la garganta.

Y palabras suicidas
que mueren al nacer.

Esto
no es cuestión sólo
de qué palabras se trata,
sino también
de quién las pronuncia,
de dónde lo hace,
de quién las escucha.

Madrid, 21-03-2024

VI

Por su poema *1406.*

La memoria,
desván de recuerdos
en el que se quedan
como si fuera su casa,
normalmente disfrazados.

Y cuando el momento llega
recordamos,
a veces con agrado,
otras con menos
y otras en que nos cuesta recordar.

Madrid, s/f

VII

Por su poema *335.*

Morir es emigrar.
Sí ¿Pero hacia dónde?

Los pájaros lo tienen claro:
hay que huir del frío.

Quizá nosotros
al morir

huyamos
del dolor de vivir.

Y aún así
remoloneamos
tratando de no irnos.

Madrid, 22-03-2024

a Rosalía de Castro

(1837 - 1885)

Por su poema *Dicen que no hablan las plantas, ni las fuentes, ni los pájaros.*

Mientras sueñas como loca los seres vivos murmuran
Porque reconocen ellos que con ellos eres una.
Sueñas con aves y flores y con agua que susurra
Con aire que merodea y con astros que fulguran.

Es un sueño natural el sueño de tu locura
Ese sueño que tú sueñas como no sueña ninguna.

Sueño en el que el tiempo pasa
Convirtiendo ya en albura
Lo que otrora fuera negro
Y así en hielo el agua pura.

Tú, ya con pelo canoso, te paseas por el prado
Viendo que lo que fue verde es ahora todo blanco.
Pues con el paso del tiempo todo parece cambiado.
Pero tú quieres creer que es igual que en el pasado.

Y a las plantas y a las aves y a las aguas y a los astros
Tú les pides que te dejen seguir soñando, soñando...

Por varios de sus poemas.

II

Igual que el tiempo pasa hora tras hora
Y así día tras día
Tú y yo, las flores y animales,
Naturaleza toda,
Juntos nos despeñamos
En ese abismo entre cielo y tierra
Donde transcurre la vida.

Felices si es que amamos
Mas sólo si esa dicha
Como regla de tres
Nos es correspondida.

Y dura lo que dura,
Pues aquí todo acaba.
Quizá sea la muerte
Quien a vivir apura.

¿Y después?
¿Qué quedará de toda esa algarabía?
Una lápida con flores
Que al poco se marchitan.

Somos como las olas
Que, llenas de energía,

Dan besos a la playa
Y mueren enseguida.

Madrid, 8-03-2025

a Emilia Pardo Bazán

(1851 - 1921)

Precursora del grafiti
doña Emilia
deja su huella
con un lápiz
en la pared.
Espera,
quizá desea,
volver a ese lugar
para encontrar de nuevo
sus palabras.
Así quizá
recordará entonces
sucesos de aquel día.
A lo mejor
piensa también
en alguien que no ella
y mucho, mucho después
pueda leer
las frases frágiles
que dejó grabadas
en la pared.

Madrid, 28-04-2025

a Alfonsina Storni

(1892 - 1938)
Por su poema *Queja*.

Pues Dios no sé si está,
Acudiré al cielo
Como dios ancestral.

Mi queja es parecida
Aunque no sea igual
Que aquella de Alfonsina,
Mas mi dolor es tal.

Porque yo no deseo
Ni en mí ni en los demás
Perseguir lo perfecto
Para poder amar.

Sí perseguir lo bello
Tanto en lo corporal
Como en lo que se dice
Ser espiritual.

Pero mucho me temo
Que este porfiado afán
Me llevará como a ella
A no poder amar.

Y es que ese afán consume
Mi yo ¡Piedad, piedad!
De amor me estoy muriendo,
¡Pero no puedo amar!

Madrid, 1-06-2025

a Juana de Ibarbourou

(1892 - 1979)
Por toda su obra poética.

Juana, amiga mía.
Quiero llamarte así
Porque me has enamorado
Con tus versos canoros
Que transmiten tu amor.
Amor por la naturaleza
Que miras embelesada,
Que hueles fascinada,
Que admiras entregada.
Con la que te arropas,
Sobre la que te tiendes
Como un nuevo Walt Whitman
Y de la que te sientes
Transmisora de sus fragancias.

Tus versos huelen a primavera
Y leyéndolos
Me siento mejor,
Si bien sé que me queda un gran trecho
Para ser como tú.

Procuraré que tus versos
Lluevan sobre mí

Para sentir
Como un frescor de nieve
En mi alma y en mi carne.

Madrid, 8-05-2024

a Delmira Agustini

(1896 - 1914)
Por su poema *Lo inefable*.

Lo inefable es la vida
Morimos de vivir
El amor también mata
Y ausente quizá más.
Y matan los amantes
A veces de verdad.

Así todos sentimos
Un extraño dolor
Cuya causa aparente
Ignorámosla todos
Aunque la achaquemos
A un mundo sin objeto.

Con el alma y la carne
Devoradas y rotas
Seguimos adelante
Esperando que un día
El pensamiento mudo
Que es nuestro gran tormento
Nos diga quizá algo
Mientras nos lo arrancamos.

Acaso lo que oigamos
Sea palabra de Dios.

Madrid, 9-06-2025

a Concha Méndez

(1898 - 1986)
Por su poema *Todo, menos venir para acabarse…*

Hemos venido a empezar,
Aunque al final acabemos.
Ser rayo de luz no es fácil,
Pero intentémoslo al menos.

Con el sudor se evapora
El agua de nuestro cuerpo
Y cuando ya su función
Se termine por entero
También toda nuestra agua
Se elevará hasta al cielo.

Es nuestra naturaleza.
Así que vivos llovemos,
Pero también, sin sentirlo,
Igualmente cuando muertos.

Mas intentemos también
Ser huracán en el cielo
Y brisa fresca en el aire.
Así no nos sentiremos
Muertos en vida y así
Del todo no acabaremos.

Madrid, 10-10-2020

a Rosa Chacel

(1898 - 1994)
Por sus poemas *Ausencia* y *La culpa*,
del libro *Versos prohibidos*.

Ausencia y culpa me estremecen,
Son viejas conocidas,
Pero las tenía
Algo olvidadas.

Mas leyéndote a ti,
Egregia Rosa,
Descubro dos poemas
A cada una de ellas dedicado.

Retratas la ausencia
Con imágenes precisas.
La soledad en metros cúbicos medida,
El abrigo ahorcado en la percha,
El sombrero en la mesa sin cabeza que cubrir,
Los zapatos uno detrás del otro emulando una fuga
Y finalmente la herida de la escarpia
Que lo resume todo en negro sobre blanco,
Y todas esas imágenes
Reflejando la presencia de la ausencia.

Pero hay algo que no está ausente
Y viene a visitarnos cada noche
Alumbrado por la oscuridad.
Algo que es común a todos.

La poeta nos dice que su sombra
Se escucha desde lejos
Y que nuestro insomnio
Se alerta con su presencia.
Y pide a los hombres
Que griten en múltiples voces
Amparándose en la naturaleza,
Cada uno según su condición.
Y todos ellos deben buscar refugio
Pues se acerca el implacable huésped de la noche:
el peligro…

Pero ¿qué peligro es ese?
Pues ese peligro es
Que en el silencio de la noche
Cualquiera puede reconocer su culpa.
¿Y qué culpa es esa?
Para empezar
Es una culpa doble:
El pecado original,
Sólo por haber nacido,
Y el machismo,

No sólo si eres hombre.
Luego viene todo lo demás.

Ahora me pregunto:
Y en la ausencia ¿no hay culpa?
¿Qué habré hecho para que me abandone?
Y si el abandono es por muerte
¿Por qué no le habré dicho cuánto le amaba?
O bajando la intensidad:
¿Por qué no fui más amable con él?

Madrid, 7-07-2024

a Ángela Figuera Aymerich
(1902 - 1984)

Sí, amiga mía,
Es una pena que todo concluya.
Pero
Es ley de vida.
Y de muerte, diría yo.

Mas ¿qué me dices de esas cosas
que ni siquiera empiezan?
De esas cosas que no han lugar.
Que no pueden ser.
Que son imposibles.

Y entonces uno tiene que imaginar
Cómo hubieran sido
De haber sido.

Esas cosas que no tienen principio
Ocurren en el mundo de la fantasía.
Y entonces las imaginamos
Como nos habría gustado que fueran.

De lo que sí ocurrió y concluyó
Nos queda el recuerdo.

El mundo de los recuerdos
Limita con el de la ensoñación
Con una frontera permeable.

Madrid, 17-03-2025

a **María Zambrano**
(1904 - 1991)
Por su poema *El agua ensimismada.*

El agua tranquila del lago
Refleja el cielo
Con sus nubes que pasan.

Pero soy yo quien lo veo,
El agua quizá lo sueña.

El árbol que se yergue orgulloso
Bien arraigado al suelo
También se refleja en el agua
Mas no como Narciso.

Él no se ve, soy yo quien le ve
Y admira su imagen.

El horizonte lejano
Que se hace fuego al atardecer
Es pensado y soñado por mí,
Como si yo fuese agua.

Me acerco al agua del lago
Y creo ver en su fondo

Mármol, oro y cristal.

Pero por encima de ellos
Está mi imagen.

Remuevo el agua con la mano
Para que no quede nada.

Madrid, 9-05-2023

a Ernestina de Champourcin

(1905 - 1999)
Por su poema *Si derribas el muro*.

El muro sigue ahí.
Nadie lo ha derribado.
Estaba oculto,
Parecía que ya no estaba
Tapado por el aparente progreso
En las ideas y en la convivencia.
Pero detrás de todo ello
Sigue estando el muro de todas las mentiras.
Que ahora sale a la luz, presuntuoso y gritón.
Es el blanco muro de España
Contra el que nos topamos.
No hay, pues, ni gozo ni lazo de palabras,
Ni júbilo de amor ni horizonte sin nubes.
Sólo derribando tu muro interior
Conseguirás una pequeña parte de todo esto.

Madrid, 19-10-2020

a Carmen Conde

(1907 - 1996)
Por su poema *En la tierra de nadie.*

No sé si el margen es tierra de nadie.
Yo sólo sé que en él me he afincado
Para no ir por caminos trillados
Y encontrarme a mí mismo en soledad.

Los que pasan me miran y cavilan
¿Qué estará haciendo éste en la cuneta?
Si acaso me preguntan les contesto
Que estoy pensando cuál es mi camino.

Unos dicen que vaya a encontrarlo
Mientras que otros asienten conmigo.
Pero unos y otros van y vienen
A atender sus asuntos donde sea.

Yo ya sé que al andar se hace camino
Como nos dejó dicho el gran poeta.
Sabía que para llegar al margen
Había que andar y andar muy mucho.

Así que aquí estoy viendo el mundo pasar.

Madrid, 2-05-2025

a Josefina de la Torre

(1907 - 2002)
Por su poema *Cuando veo mi imagen reflejada.*

El otro lado del espejo
Me hace consciente del lado de acá.

Y esa consciencia me muestra
A alguien conocido sólo a medias.

Pero me miro para cerciorarme
Aunque sólo sea de esa mitad.

La otra mitad es la que no ha vivido
Y sigue sin vivir.

Mi imagen me alerta
De que el tiempo transcurre
Dejándome atrás.

Aún así hay una esperanza:
La que se muestra
Cuando nos miramos en la luna

En la luna del cielo.

Madrid, 02-05-2025

a Pino Ojeda

(1916 - 2002)
Por su obra poética.

Querías saber,
colgando tu corazón
triste y yerto
en la rama de la higuera,
si el amargor de este ficus
era como la amargura
seca y fría de tus venas.

Soledad
poblada de seres fantásticos
y de deseos encarnados,
de sueños nostálgicos
que añoran
el amor que fue.

Soledad
poblada de anhelos
de un pasado futuro
y un futuro pasado.

Realidades ficticias
para consuelo
de tu soledad.

Soledad y llanto
hechos poesía,
como querer ser
sus pequeñas cosas,
así la nada y el más allá.

Madrid, 11-05-2025

a las *Sinsombrero*

(Década de los 20 del siglo XX.)
Por su decisión de no llevar sombrero.

Oíd amigas,
Las Sinsombrero,
Por vuestra hazaña,
Por vuestro mérito,
Me uno a vosotras
Y con respeto
Chapeau os digo
Y homenajeo
Vuestro valor
Y vuestro empeño
Que fue, sin duda,
Acto poético.

Madrid, 19-10-2020

a María Cristina Menares

(1914 - 2012)
Por su poema *Déjame que te quiera.*

¿Es esto un poema de amor?
¿Pidiendo que te deje quererle?
¿Es un amor a distancia? ¿Un teleamor?

Si dices ¡déjame que te quiera!
Lo dices porque él no te deja quererle.
Si no, simplemente le querrías.

Pero es que él no te ama,
Si te amase ¡claro que te dejaría!
Es más, querría que lo hicieras.

Hay que adornar la cruda realidad
Con palabras hermosas,
Con imágenes poéticas.

Pero tu amor, y el suyo,
Es humo que muere en el azul,
Es una melodía que se olvida.

Y llanto quejumbroso en el dolor,
Eco de unas alas que vuelan a lo lejos,
Una sombra perdida en el confín.

Pero eso no se lo dices,
Sólo lo escribes,
Que es también un decir
Silencioso, sin ansias
¡Y sin presencia!

Madrid, 9-06-2024

a Gloria Fuertes

(1917 - 1998)
Por su poema *Soy alta*.

Yo también soy alto;
no viví la guerra
pero sí sus secuelas
tan largas y penosas
que me llevaron al borde de la tuberculosis.

He estado también al borde de la muerte
por un extraño accidente de tráfico.

También he estado al borde
de todo lo que dices en tu poema,
excepto de la envidia.

Son tantas cosas
y se hace tan largo
que a mí también me está entrando el sueño
y duermo también al borde
de un despertar incierto.

Madrid, 25-08-2017 / 11-01-2018

a Ida Vitale

(1923)
Por su poema *Misterios*.

Supongo que cada uno
Tenemos nuestra puerta
Por la que el amor se nos da.

No, no voy a preguntar
Dónde está la mía.
Sé que es un don del cielo.

Permaneceré dormido
Queriendo y sin querer
Por ver si en mi sueño
Encuentro esa centella
Que tanto anhelé despierto.

Voy camino al mar
Por ver si otras huellas en la arena
Comparten mi alegría.

Madrid, 27-08-2024

a Carmen Martín Gaite

(1925 - 2000)

Por su poema *Certezas*.

I

¿Veis todas esas torres sin puerta y sin ventana?
Dentro de cada una de ellas hay una mujer.

Hay muchas otras torres similares
Que albergan un gay, un negro, un inmigrante...

Espero que todas y todos
Disfruten de una ranura entre las piedras,
No importa en qué dirección.

Por su poema *Luna llena*.

II

¡Oh, luna!
Cada noche vienes a salvarnos
De nuestra soledad.

Pero hay noches que no estás,
luna negra te llaman.

Y luego, poco a poco,
Vas creciendo.

Hasta llegar a ser
El ojo de la noche

Redondo, brillante, misterioso

Refugio de amores logrados y malogrados
Cobijo de poetas.
Que no para de mirar a este mundo de sombras.

Sé que el hombre ya te ha pisado
Y más que te pisará.

Quizá tu otra cara se salve
De tal profanación.

III

Por su poema *Descarrilamiento*.

No es exactamente un "tren de vida"
lo que describes en tu poema,
aunque bien podría llamarse así.

Jugar a los trenes
puede llegar a ser una pasión.

Y una pasión puede ser
como jugar a los trenes.
Puede haber peligro de descarrilamiento.

La sensación de ir en tren
suele ser muy agradable
y la velocidad puede ser
una metáfora
de lo bien que va una relación.

Pero si al final
se hace todo añicos
¿es sólo por la velocidad?
Quizá alguna pieza de la máquina
no encajaba bien con otras.

Y todo pasa en un segundo
y sin saber ni cómo ni porqué.

Hace sólo un rato erais
fogoneros, viajeros, revisores
en un tren inventado de color rojo
(el rojo va mucho más allá
que el color de rosa)
donde sólo ibais vosotros dos.

Ahora habéis despertado entre pavesas
con los huesos magullados y el paladar seco
en un paisaje que sólo puede ser inhóspito.

Así son los descarrilamientos.
Esa es la jugada final.

Madrid, 30-04-2025

a Anne Sexton

(1928 - 1974)
Por su poema *The Touch,* perteneciente a *Love Poems.*

Una mano aislada en una lata
Una mano vulnerable y metafórica
Una mano como tantas otras

Que añora

¿Qué puede añorar una mano?

Sobre todo otra mano
Sin duda también vulnerable
Pero a ser posible no metafórica

Porque una mano es
No solo la antena del cuerpo
Sino la conexión natural con otros cuerpos

¡Por favor, sacadme la mano de la lata!

Reina, 4-08-2017

a María Elvira Lacaci

(1928 - 1997)
Por sus poemas *La palabra* y *A la poesía*,
de su libro *Al este de la ciudad,* 1963.

Tu palabra es sencilla y a veces pobre,
como tú misma dices.
Pero es que así la quieres
Porque cuando en ocasiones
ella misma se acicala
tomando prestado
el lenguaje de otros seres,
posiblemente poetas,
tú misma la desnudas con amor,
haciéndola tuya,
como tu propio cuerpo.

Muchas veces,
leyendo un libro,
que es como un escaparate de palabras,
las admiras porque ves
que a otros
les completa su escritura.
Y sientes la tentación
de usarlas tú también.
Pero las rechazas al instante
porque te das cuenta

—en realidad ya lo sabías—
de que no van contigo,
con tu saber decir.

Y es porque
la palabra es para ti
como tu cuerpo,
que adora tumbarse sobre la hierba fresca
y contemplar el cielo.

Y con estas palabras,
naturales, sencillas, orgánicas,
cantas a la poesía,
con sabor vagabundo,
compartiendo el pan y el vino,
que son de todos.
Tocando la guitarra
de pueblo en pueblo
con la entrega de un músico
para que los hombres todos
—no importa su color—
bailen a su son,
toscos como suelen
y con una palabra como la tuya
a flor de labio.

Madrid, 23-05-2025

a Sylvia Plath
(1932 - 1963)
Por su poema *Espejo*.

¿Qué es más amargo:
un mundo sin árboles ni pájaros
O un mundo donde sólo hay
Árboles sin hojas y pájaros clavados en el cielo?

El espejo te engaña tanto
Como tú te engañas a ti mismo

Y aún así
El espejo crea un mundo misterioso
Indescifrable

El otro yo, el del espejo,
A veces disiente de ti

El otro yo, el de la cama,
Te acecha
Esperando a ver si te duermes
Y desaparece cuando sueñas

Tu vocación de horizontalidad
Te salva

Pero sólo será definitiva
Cuando te unas con la tierra.

Madrid, 4-08-2017

a Alejandra Pizarnik

(1936 - 1972)

Por su poema *El cuerpo del poema con mi cuerpo.*

Empiezo ingenuo por la cabeza
¿Es esto la cabeza del poema?
¿No será empezar la casa por el tejado?
Es igual,
La cabeza es la parte más noble.
Aunque quizá nuestro gran defecto
Sea precisamente ir con la cabeza por delante,
Olvidando el cuerpo.

¿No debería ser la cabeza una parte del cuerpo?
¿O quizá debería ser el cuerpo un parte de la cabeza?
Me temo que suele ser así.
El cuerpo, una nube pegada a la cabeza, obnubilándola.
Eso si se trata del propio cuerpo,
Pues si es el de otro entonces puede ser aún peor.
En la cabeza cabe todo, incluso el propio cuerpo y el de
otros.

Y en ella
Los ojos para verte mejor
Los oídos para oírte mejor
La boca para morder, para engullir, para chupar
Para hablar

Palabras dulces o dardos
La nariz para oler cuerpos y manjares y flores
Y también cloacas
Y dentro,
En la sesera,
Miles de ideas, de pensamientos, de ruidos
¡Un verdadero guirigay!

Esta es la grandeza y la miseria de la cabeza:
Su gran capacidad.
Todo está en ella
Los labios también son táctiles.

El cuello
Esa frágil conexión
Esa dura frontera
Entre la cabeza y el cuerpo
Ansiosa de besos y mordiscos
Añorante de cortes y de tajos
De hachas y guillotinas
De sogas y férreas manos que aprietan
Eje de giro
Para mirar aquí y allá
Masculino nogal
De una sola nuez de sube y baja.
Cobijo de nudos y maltragos
De alaridos y risas.
Hombros para encoger

Para cargar
Para derribar puertas
Para llorar sobre ellos
Para que te lloren en ellos
Unión de pecho y espalda
Origen y sostén de los brazos.

De los brazos
Que abrazan y golpean,
Que aspaventan.
De codos para hincar
Y manos para estrechar, para acariciar,
Para trabajar, para escribir, para rezar
Para arañar,
Para implorar
Manos para lastimar.

Pecho y espalda
La caja del cuerpo
Ámbito de su mecanismo
Sede de congojas y alegrías
De hacer de tripas corazón
Y del corazón tripas
Tam-tam interior.
Espalda, lo que no se ve.
Pecho, apoyo de cabezas ajenas.

Luego, más abajo,

Un sexo sin cobijo
Y dos piernas
Para caminar hacia la nada.

Valdemorillo,14-10-05 / Madrid, 25-06-12 y 4-06-2015

a Luzmaría Jiménez Faro

(1937 - 2015)
Por su poema *Un ángel pasa.*

Ha pasado un ángel
Dejando tras sí un rastro de silencio.

El ángel se lleva nuestras palabras
Con el brío de sus alas.

Es como si dijera: callaos y recapacitad en silencio.

¿Habrán inventado los ángeles el silencio?
En todo caso nunca les he oído hablar.

Quizá nos han ensañado el valor de la mirada.

Madrid, 23-03-2024

a Pilar González España
(1960)

Por varios de sus poemas.

Poemas en dirección equivocada
Que te alejan, sin darte cuenta,
De lo que estás buscando.

Poemas espaciales
Que permiten ver tu propio abismo
Desde tu piel: de nada a todo.

Poemas cuyas palabras
Puedan encender el silencio
Y hacer arder los actos.

Poemas bípedos
Con un pie aquí
Y el otro más allá.

Poemas puente
Que permiten llegar hasta el otro
Aunque no se sabe si lo alcanzarán

A Pilar González España como rapsoda.

II

Tu voz transparente
Me lleva a la montaña.

Tus ojos melancólicos
A lo profundo.

¡Dichoso vaivén!

Madrid, 13-06-2017

a Josefa Parra

(1965)
Por su poema *Cosas que no tendremos*.

Hay muchas cosas que no tendré
Pero que nunca tuve.

Se parecen mucho a las que tú dices
Que nunca tendréis.
Y también a las que dices que te has perdido.

Así que me he perdido muchas cosas esenciales.

No sé si ha sido el destino quien lo impidió
O fue mi propio miedo.

En cualquier caso nostalgia de lo no vivido.

Madrid, 7-05-2024

a Gemma Gorga

(1968)

I

Lo más lejos que se puede estar
es en las antípodas.
Luego se puede ir acortando la distancia
tramo a tramo.
Pero igual que Nueva Zelanda
no se mueve como la tortuga,
mejor no ser Aquiles
si quieres llegar tan lejos.

II

El silencio no es la ausencia
de la palabra,
ni de la música,
ni de los ruidos,
ni de los susurros.
El silencio es, simplemente,
otro lugar fuera de este mundo.

III

Lo tuyo es poesía forense,
amiga Gemma.
Tú recoges las cosas de este mundo
—¿qué cosas? cualquier cosa, todas las cosas—
y las dispones sobre la mesa de operaciones.
Luego las vas diseccionando poco a poco y una a una,
con un método y una intención
similar en todos los casos, con todas las cosas.

Pero de todas las cosas pareces preferir
aquéllas que no están,
incluso aquéllas que no existen,
o si no la huella que las cosas dejan.
Por último te gusta ponerlas en cuestión
hasta el punto de sacarlas del lugar
que aparentemente les corresponde.

Y con todo ello
averiguas de algún modo
lo que son, para lo que sirven,
con lo que nosotros, tus lectores,
aprendemos sobre la vida.

Madrid, 16-08-2025

a Esther Muntañola

(1973)
Por su poema *Comenzamos el otoño*.

En unos ojos
Puede caber el mundo entero.
Pues si miran
Pueden verlo todo.

Pero hay ojos
—Demasiados—
En los que no hay amor
Porque miran sin ver
O viendo solo
Lo que quieren ver.

Y el amor es un puente
Entre tus ojos
Y los ojos de los otros.

No hay por qué cruzarlo
Pero sí saber que está ahí
Por si hace falta.

Madrid, 13-06-2017

a Antonia Álvarez Álvarez

(Segunda mitad del siglo XX.)
Por su poema *Pasiva refleja.*

Cuando crees
que el otro viene hacia ti,
que es lo que tú deseas,
y ves que de pronto se para
y mira al suelo
como si se abriera una zanja
entre ambos.
Una zanja que no se atreve a cruzar.
Entonces piensas: ¡qué cobarde!

Quizá no hubo todavía
lo que ha de haber
para que sea amor.
Ese mirar profundo
y la ternura.

¿Acaso os habéis mirado así?
¿Con ternura?
Es posible que no
O no lo suficiente.

Recapacita.
Podrías haber sido tú

quien fuese hacia el otro.
Pero quizá
también te habrías parado
al ver la zanja
¿Te atreves a cruzarla?
Sin esperar a la respuesta
piensas: ¡qué cobarde!

Madrid, 27-05-2023

a Ada Salas

(1965)
Por su poema *Hay libros que se escriben
sobre la carne misma.*

El cuerpo es un libro
En realidad es una biografía
En que la piel es la memoria
De todo lo acaecido
Bueno y malo.

Así
Nuestra cara
Es la máscara
Que hemos ido construyendo
Con un doble fin:
Escondernos
Y hacernos ver
Como si fuésemos aquello
Tras lo que nos ocultamos.

Pero
Nuestra forma de andar
Nuestros gestos
Cómo miramos
Hasta la voz

Nos delatan
Desmintiendo la máscara.

A veces el cuerpo es
Un libro abierto en canal
Por el que se desangran las palabras.

Madrid, 13-06-2017

a Elvira Sastre
(1992)

Tiemblo al leerte, Elvira.
Me haces sentir mujer y refugiado.
Muchas mujeres y muchos refugiados.
Porque el amor no cesa
Entre personas.
Pero tampoco cesa el miedo
Porque no cesa la guerra.
Porque no cesan las violaciones
¡Incluso en manada!
Es decir, el odio entre las personas.
Pero además, temblando de otra forma,
Que incluye el temblor de antes,
Me haces sentir español.
Mas no de pacotilla, como tantos.
Nada de banderas ni de glorias pasadas,
Casi todas pasadas de rosca.
Simplemente español
Porque es mi tierra
Y son mi gente.

Los muertos de hambre
Los que viven en la calle
Los que hace muchos años
Esperan

—Los muertos también esperan—
Que sus restos sean encontrados
En barrancos y cunetas.

Los niños desnutridos
Los que no pueden ir a la escuela
Los huérfanos,
Especialmente los que contemplan con horror
Cómo su padre asesina a su madre.

Los muertos y los vivos inundados por una riada.
Y también los refugiados.

Me haces temblar también
Porque me haces sentir
Como un preso.
Más de lo que ya me sentía.
Y luego me liberas
Con tu mirada,
Como a todo el que te lee.

Y sí, me haces temblar
Porque también me traes
El recuerdo del amor perdido
O quizá nunca encontrado.
Un recuerdo que está en llamas.
¡Como el infierno!

Y sí, también me haces temblar
Cuando veo, al leerte,
Que hay esperanza,
Que hay felicidad,
Que hay poesía.
Ese arma cargada de futuro
Con la que derrotaremos
A los malos.

Madrid, 31-03-2025 / 6-04-2025

a Nuria Ortega Riba

(1996)
Por su poemario *En el espejo*.

Sí,
hay que aprender
a mirarse en el espejo.
Pero es un aprendizaje
de todos los días,
porque, al igual
que el agua de los ríos,
ya no somos el mismo de ayer.
Y sobre todo
para aprender
a aceptarnos como somos
y lo que somos.
Me parece
una buena terapia
tocar tu piel en el espejo,
dibujarte con cariño,
como si el cristal fuera papel
y comprender
que la luz está también
en el negro de tus ojos.
Sigue haciéndolo cada noche
hasta el día en que el pájaro escape por tu boca.

Madrid, 31-05-2025

a Lola Tórtola

(1997)
Por su poemario *Los dioses destruidos*.

Vayamos a ver al Papa
y preguntémosle
quién y cómo
inventó a Dios.

Para estar prevenidos
porque dentro de poco
ni la Capilla Sixtina
será capaz de salvar su imagen.

De nada servirán los hologramas
ni la pléyade de imágenes que cosechamos,
empezando por las estampitas,
siguiendo por los pasos de Semana Santa
y los múltiples crucifijos de las aulas y de las tumbas.

Ya nos lo advirtió Nietzsche.

Madrid, 10-05-2025

A *LOS* POETAS

(dibujo de Carlos Hernández Gelabert)

a los poetas

A todos los poetas (aunque solo cite a algunos).

Entre Apolo y Dionisos me debato.

Por ser clásico con vocación de ser moderno,
Incluso futurista, más allá de Marinetti.

Por ser de mi tiempo
Con toda una herencia a las espaldas.

La poesía misma, rota y recompuesta
Una y mil veces
Me llama desde Homero,
desde Garcilaso, Calderón y Lope.

Pero no puedo olvidar a Maiakovski,
A Kavafis, Pessoa, Lorca y tantos otros.

Con todos ellos voy,
Abriendo la ventana del poeta
Y echando fuera las palabras,
Como un exorcismo,
A este mundo inquietante.

Madrid, 24-11-2012 / 22-04-2014

121

a Omar Kayyam

(1048 – 1131)
Por su *Rubaiyat*.

Quiero probar tu vino,
llegar a lo más hondo de la sensible forma.

Más abajo,
entre el es y el no es.

No como Hamlet,
sino con ley y norma.

Pero a través del vino
para llegar a su alma.

Quiero probar tu vino, Omar,
antes de que sea demasiado tarde.

Es decir, ahora.

A la espera de una rosa y una voz,
para que así me hunda en la tierra
con su sabor y su recuerdo

en la Facultad de Bellas Artes (UCM), 28-05-2008 /
en casa, 5-11-2011 / 18-01-2023 / 5-05-2025

a Escrivá o Escrivá de Romaní

Poema glosado por Lope de Vega y Cervantes.

Ven muerte, tan escondida
Que no te sienta venir
Porque no quisiera oír
Los pasos de tu venida.

Ya sé yo que he de partir
Y abandonar esta vida,
Mas quisiera una partida
Con un dulce devenir.

Preparado para ir
Y con mi suerte asumida,
No te quisiera sentir

Para así poder seguir
Con la esperanza encendida
De por más tiempo vivir.

Madrid, 16-07-2012

125

a san Juan de la Cruz

(1542 – 1591)

En asonante.

I

Esta casa en que vivo,
Esta casa en que moro, que es mi cuerpo,
A veces es castigo,
A veces es infierno
Y también es a veces casi un cielo.

De mi tristeza salgo,
Por un tiempo me olvido, y a su encuentro
Yo casi siempre vuelvo
Apenas la alegría construyendo.

Mas cuando esta alegría
Entra en mi casa a saco destruyendo
La triste compañía,
La soledad sin cuento,
Me olvido de tan largo sufrimiento.

Así corre la vida
En caudalosa mezcla de contrarios,
Muchas veces herida

De sufrimientos varios,
Otras colmada de placeres sabios.

Valdemorillo, 24-05-92

II

Cantas cual ruiseñor,
Caminante de oteros y collados,
En busca del señor
Objeto de tu amor
Y de todos tus celos y cuidados.

Valdemorillo, 3-09-2005

a fray Juan de la Cruz

(1542 – 1591)

Noche oscura del alma y del cuerpo.

¡Quién pudiera, como tú,
Dejar su cuidado
Entre las azucenas olvidado
Y reclinar sobre el amado el rostro
Para que todo cese
Y abandonarse!

Mas ese deseo profundo,
De otros impulsado,
Por mí mismo ha sido sofocado.
De tal manera
Que el amado no es
Sino un sueño.

Ya sé que tú,
Travestido de alma,
Jugabas al amor divino.
Mas ¿no es divino el verdadero amor?
¿Y no es alma de tu alma el ser amado?

Déjame, pues, Juan,
Que esparza sus cabellos
Y, herido por el aire,

Suspensos mis sentidos,
En esta amable noche
Me transforme en él,
Sea él quien sea.

Porque saldré de casa
En alma y cuerpo
Inflamado en amores
Hacia un desconocido.

Madrid, 3-08-2011

a Miguel de Cervantes

(1547 – 1616)

Canto a don Quijote.

Don Quijote,
Monigote
De tu propia locura,
Con el cura
Y el barbero,
Poderoso caballero
Sin dinero.

Buen hidalgo
Con tu galgo,
Con tu lanza
Y Sancho Panza.

Luchas con el molino,
Con el odre de vino,
Cual si fuera un gigante,
Tú, caballero andante.

Y con todo tu empeño
Subes en Clavileño
Y arrastras al buen Sancho
Quedándote tan pancho.

Luchas con el espejo,
Pues en él te ves viejo
Con tu triste figura
Dentro de tu armadura.

Y a la buena de Aldonza,
Tú con tu jerigonza,
A una moza de aldea,
Trocas en Dulcinea.

Dices de esa doncella
De todas ser más bella,
Y en ella pones miras
Y por ella suspiras.

Querido don Quijote,
Excelso monigote,
Valiente caballero
De todos el primero.

Desfacedor de entuertos,
Entre vivos y muertos,
Con placer yo te canto
Con sonrisa y sin llanto.

Valdemorillo, 29-03-2005/ 29-05-2005 / Madrid, 4-11-2011

a Lope de Vega

(1562 – 1635)

Por su poema *A mis soledades voy.*

I

No voy a mis soledades
Ni tampoco de ellas vengo,
Ya que siempre estoy en ellas
Con y sin mi pensamiento.

Soledad de soledades,
Eso es todo lo que tengo,
Que lo demás que tuviere
Palidece en el empeño.

Soledades sólo mías:
Si fueran también de otro
Soledades no serían.

Y sin embargo no es poco
La soledad compartida
Que te alivia de estar solo.

Madrid, 13-12-2011 y 3-01-2012

II

No voy a mis soledades
Ni tampoco de ellas vengo,
Ya que siempre estoy en ellas
Con y sin mi pensamiento.

Soledad de soledades,
Eso es todo lo que tengo,
Que lo demás que tuviere
Palidece en el empeño.

Soledades sólo mías,
Que compartirlas no quiero,
Aunque me pierda seguro
Muchas cosas por hacerlo.

No me asusta el estar solo
No tengo miedo al silencio
Incluso con compañía
El silencio es perfecto.

La felicidad no existe,
Basta con no tener miedo
Y eso es todo. Lo demás
Se te dará por aumento.

Variaciones a partir de *Un soneto me manda hacer Violante*.
Soneto ¿heterodoxo? con estrambote en caso de que Violante lo mandase.

III

Si Violante me manda hacer soneto
A ponerme las pilas voy volando
Que en estas cosas no se sabe cuándo
Podrás llegar al último terceto.

Cumplida está, que sólo era un cuarteto,
Burla burlando la primera estrofa.
De modo tal que nadie le haga mofa
Veremos si el siguiente lo completo.

Heme aquí, sin contarlo, en el terceto
Primero de los dos que pide el canon.
Cara al segundo voy y yo os prometo

Que, si queréis dejarlo de mi mano,
En dos versos acabo ya el soneto.
Ya sólo queda uno, el más lejano.
Estrambote se llama, por pagano.

Madrid, 3-05-2011 / 5-11-2011

135

Soneto ¿heterodoxo? en caso de que Violante lo mandase.

IV

Si Violante me manda hacer soneto
A ponerme las pilas voy volando
Que en estas cosas no se sabe cuándo
Podrás llegar al último terceto.

Cumplida está, que sólo era un cuarteto,
Burla burlando la primera estrofa.
De modo tal que nadie le haga mofa
Veremos si el siguiente lo completo.

Heme aquí, sin contarlo, en el terceto
Primero de los dos que pide el cánon.
Cara al segundo voy y yo os prometo

Que, si queréis dejarlo de mi mano,
En dos versos acabo ya el soneto.
Lo haré con éste, que es el más liviano.

Madrid, 3-05-2011 / 5-11-2011 / 18-04-2014

a Francisco de Quevedo

(1580 – 1645)

A partir de su frase *El amor es fe y no ciencia.*

I

El amor es fe y no ciencia,
Dijo Quevedo guasón,
Sabiendo que el corazón
No tiene de sí conciencia.

Sólo sabe lo que siente
Y el amor es sentimiento,
Un sentir que es un tormento
Que no encuentra quien le oriente.

Mejor entonces sería
De amores no hacer ni caso
Y vivir con alegría.

¿Pero hay alegría acaso
Sin amores? No a fe mía.
Por eso es bien tan escaso.

Madrid, 7-07-2012 / 28-03-2014 / 17-04-2014

Variaciones sobre "polvo enamorado".

II

Si polvo enamorado deviniera
Más allá de la muerte, cual Quevedo,
Será porque de amor viví, no vedo
Otra razón que sin amor hubiera.

A fuer de ser mi vida tan severa,
Yendo ya hacia la muerte a paso quedo,
Echo la vista atrás, pero no puedo
Reconocer amor que yo tuviera.

Sin amor he vivido hasta agora,
Que ni sé cómo pude soportallo
Si no es porque el amor aun me enamora.

La esperanza no pierdo en intentallo
Mientras me llega la postrera hora
Y enamorado moriré si fallo.

Madrid, 4 a 6-09-2011

III

Si polvo voy a ser y sin amores
¿Qué sentido tendría haber vivido

138

Sin objeto de amor nunca haber sido
Y conociendo sólo sinsabores?

Y más aún que eso, mil dolores.
Si bien claro yo sé que es cosa mía
Y que a nadie le importa mi porfía
Por más que la disfrace de colores.

Si la postrera sombra ha de llevarme,
Que se me lleve al menos abrazado,
Aunque bien poco gusto habrá de darme.

Pero que entonces ponga su cuidado
A la hora fatal de etiquetarme
Y que no diga "polvo enamorado".

Madrid, 3-0-2011 / 5-11-2011

IV

Quevedo, si eres polvo enamorado
Como dejaste dicho en un soneto
Dime, vive Dios, cuál es el secreto
De morir sin amor y enamorado.

Mi pobre corazón desarreglado
No acaba de entender ese conceto
Pues cada vez que amé he sido objeto

De un desamor doliente y desolado.

Posiblemente estaba equivocado
Y no era amor lo que yo suponía
Que era el amor y así viví ofuscado.

Pero acertar quisiera todavía
Y como tú, cual polvo enamorado
Quisiera ser, si no queda otra vía.

Almagro, Hospital de Calatrava, 15-07-14
y Madrid, 2-08-14 / 18-02 15

a Pedro Calderón de la Barca

(1603 – 1681)
Por su Segismundo.

I

Para ser un Segismundo
No es menester estar preso
Pues lo llevamos impreso
Sólo por venir al mundo.

El impreso que llevamos
Es la inevitable duda
De si en esta vida ruda
O vivimos o soñamos.

Porque vivir y soñar
Aunque sean diferentes
En el tris de elegir sientes
Que no es tan fácil optar
Por ninguno de los dos,
Pues si soñar es vivir
Sueño y vida habrán de ir
El uno de la otra en pos.

Y si vivir es soñar
Y son iguales los dos

El uno del otro en pos
A la fuerza han de marchar.

Mas si la vida es un sueño
Una parte de la vida
Es una vida dormida
Y de ella no somos dueño.
Y la otra parte soñamos
Que vivimos sin saber
Si en verdad resulta ser
Realidad lo que vivamos.

¿Qué es lo que hacemos aquí
Si toda la vida es sueño?
¿No es acaso vano empeño
Tener conciencia de sí?

Soñemos, alma, soñemos.
Vivamos, cuerpo, vivamos.
Aprovechemos que estamos
Porque luego no estaremos.

Reina, 4-04-2015 / 30-04-2015
Almagro, hospital de Calatrava, 3-07-2015
(correcciones el 10-01-2017)
(estrofa añadida el 20-02-2017)

II

Pues que la vida es un sueño,
como dice Calderón,
así vamos de inseguros
tanto en la vida real
como en el sueño dormidos.

¿Es verdad que todo es sueño
aunque parezca verdad?
Desde el trabajo más duro
A la pobreza más cruel
¿Son entonces sólo sueños?

Del amor no quiero hablar,
que es sueño por excelencia.
Pero hablaré de las guerras.
Para Putin es un sueño
anexionarse Ucrania
como para Netanyahu
acabar con Palestina.

Ésos sí son sueños caros
que pagamos entre todos,
aunque los que pagan más
han apellido concreto:
ucranios y gazatíes.

Por supuesto hay más guerras
y más habrá todavía.
De las fotos y videos
Que nos llegan cada día,
sobre todo los de Gaza,
podéis pensar que son sueños,
aunque con más propiedad
diríamos pesadillas.
Y sin duda ¡genocidio!
Ya sé que hay más conflictos,
Algunos de ellos internos
Dentro del mismo país.
Pero dejémoslo en estos.

Perdóneme usted, don Pedro,
por haberle trasladado
de países y de guerras.

Pero la Polonia de hoy
con Nawrocki a la cabeza
va a ser otro sueño indigno
sin guerra entre padre e hijo
como la que usted relata.
Pero ¿qué pensará el padre,
sea rey o no lo sea,
cuando sepa que su hijo
al que dejará su herencia
arrastra una maldición

más cruel y más ingrata
que la de su Segismundo,
porque resulta ser gay?
¡Vaya sueño para un rey!

Pues el Nawrocki polaco
como el Orban de Hungría,
No verán con buenos ojos
La hipótesis que planteo.

Y de nuevo mc disculpo
Por haberle utilizado,
Don Pedro, como pretexto
Para desahogarme un poco
De estos horrores injustos
Que atenazan nuestros días.
¡Ojalá los Segismundos
sepan perdonar al padre
Como hizo el de su autoría
Cuando la vida era un sueño.

Madrid, 24-10-2025

a José Cadalso

(1741 – 1782)
Por su poema *Todo lo muda el tiempo, Filis mía.*

Excelso Cadalso
Has vencido al tiempo.

No conozco amor
Que sea tan cierto
Ni que dure tanto
Como el tuyo. Eterno
Parece que fuera
Y de ello me alegro.

A un amor así
Ha cedido el tiempo
Que lo cambia todo
En sólo un momento.
Ante amor tan fuerte
No pudo con ello.

Madrid, 4-08-2025

a Leandro Fernández Moratín

(1760 – 1828)
Por su *Oda*, traducción de Grecourt.

Si el pequeño Cupido,
cansado de amor tanto,
no se hubiera dormido,
así su hermosa madre
no habría confundido
el sueño del cansancio
con el definitivo
que propicia la muerte,
ni habría pedido
ayuda a los dioses
para el niño querido.
Y así los venerados
íncolas del Olimpo
no habrían enviado
para salvar al niño
con rapidez a celos
con fama de expeditos.

Mas ¡ay! que desde entonces
el sueño de ese niño
es un sueño quebrado,
es un sueño intranquilo.

Madrid, 4-08-2025

149

a Walt Whitman

(1819 – 1892)
Por su *Canto a mí mismo.*

Mi admirado Walt,
Mi querido Walt
¡cómo me gustaría estar a tu altura!
Sí, porque yo te miro desde abajo,
no podría ser de otra forma.

¡Qué alegría tumbarse sobre la hierba fresca
y contemplar el mundo con amor!
Amor por la naturaleza,
por las mujeres y por los hombres,
éstos tan dignos de ser amados como ellas.

Me gustaría poder cantar a todo,
desde la roca hasta la nube,
desde el aire hasta el fuego,
desde la noche al día,
y sobre todo a mí mismo como haces tú,
ofreciendo mi cuerpo,
del que cada átomo
es vuestro,
así como lo es el mundo entero.

Gracias, amigo Walt, por tu canto
y por tu gran energía
que te permitió seguir cantando hasta tu muerte.

Y gracias también a todos y a todo lo que ha hecho
posible
Que tu canto llegase hasta mí.

Madrid, 26-05-2025

a Gustavo Adolfo Bécquer
(1836 – 1870)

Por su *Rima LII.*

I

Llevadme a mi también, olas gigantes,
Llevadme con vosotras.
Y vosotras, ráfagas de huracán
Y nubes ominosas,
También llevadme a mi, llevadme lejos
De este dolor que ahoga.

Madrid, 28-06-14

Por su *Rima LVII.*

II

Es el dolor el que condensa el tiempo
La soledad es la que alarga el día
Dolor y soledad
Entre los dos hacen de un día un siglo
De un año eternidad insoportable.

Y aunque joven no soy
Haber vivido mucho más parece

Harto estoy de mis huesos y pellejo
Y para lo que queda
Un corazón ya de dolor cansado
Y sin tener de amor una esperanza

Hospital de Calatrava, Almagro, 26-11-11
Madrid, 28-11-11

Por su *Rima LXXIII.*

III

Amor por los que se han ido
Pero a quienes ya se amaba
Es lo que expresa Gustavo
En esa rima afamada.

Pero los que les querían
Y aún tienen que vivir
Son los que van a llorar
Y los que van a sufrir.

¡Qué solos se quedan los vivos!

Madrid, 24-05-2020

a Constantinos Kavafis

(1863 – 1933)

Muero cada día con el día.
La noche, si es que duermo,
Algo repara.
Cuando no,
Agonía prolongada,
Muerte aplazada.

Y mañana,
Que es siempre el día siguiente,
Moriré otro poco.

Valdemorillo, 19-04-2001

a Antonio Machado
(1875 – 1939)

Por *Yo voy soñando caminos,* I.

I

Como tú, poeta,
Añoro la espina,
Aquella saeta
Tan aguda y fina
Que clavada estaba
En mi corazón,
Fruto de pasión
Que me atormentaba.

Ahora lamento
Haberla arrancado
¡Oh, dulce tormento
El de enamorado!

Pues en esta vida
No hay otra pasión
Que produzca herida
En el corazón.

Y así la arranqué
Por no resistirla

Mas ¡qué bien vivirla!
Ahora ya lo sé.

Quisiera tenerte
Otra vez clavada
Y ya no perderte,
Espina dorada.

Madrid, 6-07-12 / 24-03-14

Por *Yo voy soñando caminos,* II.

II

Yo, como aquel gran poeta,
Echo de menos la espina
Aquella que, cual saeta,
Se me clavó aguda y fina
En mi pobre corazón.
Y quedose allí clavada,
Recordándome obstinada
El dolor de la pasión.

Y la añoro, pues lamento
Que al habérmela arrancado
Mi corazón ya no siento
Y estoy desencaminado.

Yo antes soñaba caminos
Con sus colinas doradas,
Con el verdor de sus pinos
Y sus encinas granadas.

Ya no veo la colina
Y mi camino se esfuma
Tras una especie de bruma
¡Y es porque ya no hay espina!

Yo la recuerdo clavada
En medio del corazón
Y la recuerdo dorada,
¡Emblema de una pasión!

Es un recuerdo que queda
De aquella pasión de otrora.
Por esa misma vereda
Quisiera volver ahora.

Madrid, 7-07-2012 / 28-03-2014 / 17-04-2014 /4-06-2015

a León Felipe
(1884 – 1968)

I

A ti que te comparas con la piedra,
Con la piedra pequeña y ligera
Que puede volar,
O aquella que rueda
Por esos caminos
Por los que navegas,
No la piedra en losas
Para ser pisada
Por los pasos graves
De gente muy seria.
A ti, que quisiste ser romero
Y nada más que romero,
Romero, sólo romero
Para pasar por la vida
De cosa en cosa, ligero,
Para huir de la costumbre,
Del oficio,
Y para ser
Mano ociosa
Para enterrar a los muertos.
A ti, que desde la cuna
Te sabes los cuentos

Tan parecidos
A los de un entierro
Y que todos son
Del hombre su miedo.
   A ti, porque tus ojos
Son fuentes de llanto y luz
Que por todos lloran
Y a todos dan reflejo.
   A ti
Te ofrezco
Un verso deshecho,
Sin idea.
Sopla tú, León Felipe,
Y aventa estas palabras
A ver qué queda...

Reina, 17-06-2011

¡Nadie!
II

   A ti, tremendo León Felipe,
Walt Whitman hispano
Que has sido todos los hombres
Durante mil siglos.
Tu orgullo está colgado del silencio y de la sombra.
Tras la torre sin vano de tu frente

Te haces todas las preguntas,
Esas que se han hecho todos los hombres durante mil
siglos.

Desde detrás de tu frente
El sapo-dragón que dio origen a la vida
Se ríe cuando tiras la moneda al aire y pierdes.
¡Cruz! ¡No eres nadie! Grita el animal dentro de tu
cabeza,
Tras tu frente romántica, áspera y opaca.
Sólo el agua, más noble que tú, te purifica
Y tú, sin poder ver, pues el asfalto abrasa tu retina,
Y sin poder hablar,
Escribes un grito de estopa dedicado a los filósofos:
¡Yo no soy nadie, igual que vosotros!

Madrid, 1-08-2011

a Fernando Pessoa

(1888 – 1935)
Por tantos de sus poemas.

I

¡Ay! Este dolor fingido,
Que de verdad creo que siento,
Como el poeta del cuento
Lo tengo bien asumido.

Es dolor no sólo mío,
Pues lo tienen mis lectores
De amores y desamores,
De soledad y de frío.

Es el dolor de vivir
Ya conocido por todos
¡Si encontrásemos los modos
De no sufrir por morir!

Quizá nos compensaría
Haber vivido sufriendo
El saber ya que en muriendo
El dolor no existiría.

Mas entonces el morir
Sería un tránsito leve

Y querríamos en breve
Morirnos ya y no vivir.

Mas este es vano discurso
Pues en la vida y la muerte,
En ambas, dolor es fuerte.
La vida sigue su curso
Y esa es toda nuestra suerte.

Madrid, 4-05-2012 / 29-03-2014

II

F de Fernando, F de frágil, F de firme, F de fuerte, F
                                                de fingidor.
E de extenso, E de enorme, E de excelso.
R de Ricardo, R de Reis, que es como decir R de
          resignación de ser y R de rechazo a la muerte.
N de nada, de nada de nada y también de nombres.
A de Alberto, sin la C de Caeiro, sin la C de careta.
N de nunca jamás y también de nombres.
D de dios pagano, D de dios cristiano, D de
          desasosiego, D de desolación, D de distracción,
                    (D de despersonalización).
O de otro, O de otros, de tantos otros que quisiste ser.
P de pensar la vida para poder vivir, P de persona, de
                    Pessoa y P de personalidades.

E de emoción, de estado de alma, de evaporación de
sí mismo.
S de sueño, del sueño de soñar y del sueño de vivir, y
también S de Soares.
S de solo, de querer estar solo de verdad, S de soledad
auténtica, no conozco otra igual.
O de Omar Khayyán, a quien admiraba por ser tan
distinto.
A de Alvaro, sin la C de Campos, sin la C de carátula.

Toledo, 30-09-2005
Madrid, VIPS Pza. de los Cubos, 24-10-2005

III

Dolor fingido del poeta,
Dolor de los dolores.

De la vida dolor,
De la muerte que acecha.

Del amor.

El dolor de la flor
Y de su olor.

Dolor de ser.

tren Madrid-Granada, 4-07-2011 /
tren Granada-Madrid, 7-07-2011

IV

El Tajo me transporta de Toledo hasta Lisboa
Y mi imaginación me vuelve a traer a Toledo
Para concluir con Pessoa-Caeiro
Que, como el Tajo no es el río que corre por mi aldea,
El Tajo, aun siendo bello, no es el río más bello.
Y el Tajo es bello en Toledo
Como lo es en Lisboa,
De la peñascosa pesadumbre viaja, ancestral y mudo,
Al calmo delta.
Pero ni Toledo ni Lisboa son mi aldea
Ni el Tajo es el río que por ella corre
¿Tendrá (siquiera) río mi aldea?

Toledo, 30-09-2005

V

No sé si soy o me soy,
No sé si pienso o me pienso
En este caos inmenso
En el que ahora mismo estoy.

Digo ahora por decir,
Ya que desde siempre estoy
Que si soy o si me soy
Sin poderme decidir.

Sólo que el ahora es eterno,
Ni me fui ni me seré,
Pensaré y me pensaré
Para siempre en este infierno.

Valdemorillo, 04-09-2005 / Madrid, 7-01-2012

VI

Permite que, aunque sea en la distancia,
Me una a tu laberinto de personas,
En el que te enmascaras sabiamente
Por no querer ser una sin ser otra.

Siempre supe que yo fingir quisiera,
Igual que tú, ser dos o más personas,
Quizá por aliviar este tormento
De ser y de no ser que me desborda.

Porque ser uno mismo es vana empresa
Cuando no sabes lo que es ser persona
Como no sea fingiendo que lo eres
Pudiendo así elegir cuál de ellas tomas.

Tal vez por eso, como tú, prefiero
Más que ser yo persona, ser personas

Aunque el nombre en mi caso no me sea
Tan propicio como es el de Pessoa.

Almagro, 29-08-2005
Valdemorillo, 2-09-2005
Madrid, 18-09-2011

VII

¿Por qué parece pesar más
Lo que no he sido,
Lo que no he hecho,
Lo que no he dicho,
Lo que no he soñado?
Si es que alguna vez
He sido algo,
He hecho algo,
He dicho algo,
He soñado algo
Que valiera la pena.
No hay compensación posible.
Entre ser y no ser
Está el dolor de vivir.

Madrid, 7-08-2011

VIII

¿Por qué parece pesar más
Lo que no he sido,
Lo que no he hecho,
Lo que no he dicho,
Lo que no he soñado?

Si es que alguna vez
He sido algo,
He hecho algo
He dicho algo,
He soñado algo
Que valiera la pena.

¿Cómo compensar tan enorme ausencia?

Vivo sin vivir en mí,
Pero no es amor divino quien así me tiene.
Es el mismo dolor de vivir,
De la angustia de nacer
A la angustia de morir.

Madrid, 7-08-2011

a algunos poetas heterónimos de Fernando Pessoa

1.

a Alberto Caeiro

(1914 – 1935)

I

A ti, guardador de rebaños,
Aunque nunca los guardases de verdad
O quizá sí, más de verdad que un pastor de verdad.
¿Quién te dijo a ti: apacienta tus ideas, apacienta tus
palabras?

A ti, que hueles las flores con los ojos,
Y las miras con el entendimiento
Y con el conocimiento comes la fruta
Y llenas la tierra con tu cuerpo cuando te tumbas
sobre la hierba.

A ti, mariposa nocturna del ocaso por el que lloras.

A ti, alma con manos que ignoran a quién pertenecen.

A ti, que como el Greco quieres ser todas las ovejas a
la vez.
Para esparcirte por toda la ladera
Como las pinceladas por el cuadro,
Siendo uno solo con todo lo que existe
Siendo uno solo con todo lo representable.

A ti, que alguna vez sonríes vagamente
Como fingiendo comprender lo que comprendes.

A ti, que no piensas en Dios para no desobedecerle
Y que una vez rezaste a Santa Bárbara
Pensando que otros quizá la vean como una persona.

A ti, que prefieres ser polvo del camino
Y río que corre y chopo en su ribera
Y burro de carga,
Sólo para poder sufrir
A los pobres y a las lavanderas
Y al molinero
Antes que sentir el dolor de mirar hacia atrás.

A ti, que vives sólo de vivir
Y escribes como el rito de estar solo.

A ti, que cambias, pero no mucho,
Basta con fijarse bien en ti.

A ti, místico de cuerpo,

Puro y pensador de alma.
A ti, para quien la naturaleza no existe
Y la cantas sólo por partes.

A ti, que sueñas lo que se podría ver si la ventana se
abriese...

A ti, Alberto Caeiro,
Te hago este homenaje,
Pretendiendo yo no estar solo
Al hacerte un poco mío.
Para así sentirme
yo también un poco tú
y en este mimetismo
—que me hace compañía—
sentirme yo también
un poco buen poeta.

Toledo, 30-0-2005 / Reina, 6-04-2014

II

Digo adiós a mis versos,
Como tú, poeta amigo,
Con mi blanco pañuelo.

Los escribí para eso:
Para que me abandonen

175

Y que alguien pueda leerlos.
Un río discurriendo,
Aunque sea lentamente,
Puede llegar muy lejos.

Quizás en su trayecto
Algunos versos míos
Tengan algún efecto.

Para sentirme entero
Sólo falta una cosa:
Que me llegue su eco.

Madrid, 3-08-2011

2.

a Álvaro de Campos
(1914 – 1935)

Hay que ser niño para tener afectos
Lo ha dicho un poeta
Parece que de niño tuvo alguno.

Pues yo le diría
¡Feliz tú que alguno tuviste!

De lluvias, nieblas y oscuridades

Yo también estoy servido.
Pero ¿qué más da que llueva
Si soledad viene de sol?

Madrid, 5-05-2012

3.

a Ricardo Reis
(1914 – 1935)

Tras la lectura de las últimas odas (nº 29 a fin) de *Odas*,
de Ricardo Reis.

I

Con vosotros me alegro
Y lloro con vosotros.

Mas ya conmigo mismo
Ni llanto ni alegría
Me conforman.

Estar tranquilo quiero,
Sentir solo* la brisa
Que de mí ser consciente me permite
Como parte de la Naturaleza.

Valdemorillo, 15-11-2006

* Este solo, atendiendo a la nueva normativa de la RAE, me da la
posibilidad de aunar en una sola palabra las dos posibles
acepciones que antes se diferenciaban con una tilde.

A partir de *Odas*, nº 19.

II

Cuanto más me pienso
Más humano soy.

Pero no sé si no sería mejor
Ser un dios
Para no pensar.

Aunque ¿qué otra cosa son los dioses
Sino el producto de nuestro pensamiento?

Claro, que no es lo mismo
Pensar en uno
Que pensar en muy otro.

Valdemorillo, 2-09-2006

Después de haber leído la oda nº 14 de *Odas*.

III

El mar del tiempo
Nos trae a la playa
Naufragios de la Historia,
Retazos de vida,
Retazos de sucesos,
De perdidas batallas
O grandiosas victorias.

Sobre las tercas olas
De ese indómito mar
Flotan algunos restos:
Historia universal,
Obras completas,
Enciclopedias,
Imágenes y sonidos
Mojados, remojados.

Flotan también
Ruinas de barcos y edificios
Que milagrosamente no se hunden.

Y cientos, miles,
Miles de millones,
Millones de millones
De cuerpos sin nombre
Con la barriga hinchada,
Haciendo el muerto
Sobre el mar del olvido
Que se une al del tiempo.
Mar en el que todos
Desapareceremos.

Valdemorillo, 15-11-2006 /
corregido en Madrid, el 5-11-2011 / 7-06-2015

En respuesta a Odas, nº 23.

IV

¡Oh, Ricardo Kayam!
¡Oh, pagano Ricardo!
Ya sé que mientras bebes es mejor callar,
Que mientras amas, como mucho, debes susurrar.

Pero ¿y el resto del tiempo?

Aunque esté solo gritaré,
Gritaré porque aún no he aprendido a amar
Y porque para olvidar beber no sirve.

Valdemorillo, 2-09-2006

a Vladimir Mayakowski

(1893 – 1930)

Quizá sigues en tu trono,
Bajo las bóvedas gastadas
Por cuyos agujeros se ven las estrellas,
Antes de que un tren te abrace por el cuello,
Deseoso de un milagro todavía.

Pero no para salvarte,
Sino para llevar tu alma renqueante
Al festín de los años futuros.

Pues bien, Vladimir,
Yo estoy en unos años
Que son nietos de los tuyos
Y si vieras...

Hiciste bien en quitarte de en medio
—Lo difícil no es morir,
Sino seguir viviendo—.

Tu sueño bolchevique
—¡Qué mal han conseguido que suene una palabra
cargada de futuro!—
¡En qué ha parado!
Primero Stalin y luego todos los demás,

¿Quizá Gorbachov se salva un poco?
Así hasta hoy. ¿Qué decir de Putin?

Y en esta España que visitaste brevemente
Todo se abortó en un baño de sangre,
Mucha de la cual sigue oculta.

Luego todas las demás terribles guerras
Hasta Irak y Afganistán.
Y ahora Ucrania y Palestina.

¡Qué difícil es hoy día tener un sueño como el tuyo!

En un viaje a Almagro en agosto de 2011 /
Madrid, 7-02-2012 y 7-08-2025

a Gerardo Diego

(1896 – 1987)
Por su poema *No verte*.

Ayer, hoy, mañana y siempre.
No verte.

Podría quizá verte si supiera quién eres
Así que sólo imaginarte es lo que queda.

Pero ¿con qué criterios?
El físico no basta, desde luego.
Y lo demás tan amplio, tan variado, tan confuso.

Si a pesar de todo pudiera imaginarte,
Ímprobo esfuerzo sería en todo caso,
¿Cómo, cuándo y dónde encontrarte?

Y además, a ese ideal imaginado e imaginario
¿Qué realidad podría comparársele?

En todo caso
Cansado estoy de no verte y de buscarte.

Madrid, 21-10-2020

a Federico García Lorca

(1898 – 1936)

I

Este poema que ahora te dedico
—Abierto cual los labios de una herida—
Sólo busca el consuelo de un amigo.

Fuiste libre amando y escribiendo
Y tu amor se trasluce en tus obras
Dando con todo ello gran ejemplo.

Ferviente seguidor de tu poesía
Me declaro, como de tus tragedias
Y de la libertad que hubiste en vida.

Siempre tuviste presente la muerte
Por medio de la de tus personajes.
En la de dos de ellos especialmente.

El Camborio y el Romano,
Tragedia en la poesía
Y poesía en la tragedia
Trasuntos fueron
De tu vil asesinato.

A Federico y a su Perlimplín.

II

¿Cómo me atrevo
A escribir de amor
Si nunca tuve?

Nunca tuve amor.
Jamás aprendí
Amor a tener.

Dar lo que no has
Posible no es.

¿Invocar a Amor?
Mas ¿dónde está él?

Do vive no sé
El maligno dios.

Amor yo no he
Y es un gran dolor,
Mas quien sí lo ha
Tan herido está
Como yo lo estoy
Del amor huido.

Herido de amor,

Del amor herido
Y muerto de amor.

Madrid, 15-05-2011 (corregido en el mismo lugar el 19-06-2011, el 16-01-2012 y el 17-04-2014).

A Federico y a su Perlimplín.

III

¿Cómo me atrevo
A hablar de amor
Si nunca tuve?

Nunca tuve amor,
Lo que es no aprendí.
No se puede dar
Lo que no se tiene.

¿Invocar a amor?
Ni sé dónde está
Ni dónde reside
Ese dios maligno.
No haberlo es dolor,
Pero quien lo tiene
También está herido,
Tanto como yo,
Herido de amor.

Herido de amor huido,
Herido, muerto de amor.

Madrid, 15-05-2011 (corregido en el mismo lugar el 17-04-2014).

IV

Lágrimas de niño,
Que siempre estuvieron aquí dentro,
Recuerdo de una infancia incomprensible
Y que se han unido a estas más adultas,
Cosecha de una incomprensible madurez,
Para formar un llanto como un río
Por todos vosotros
Y también por mí,
Para ir a dar a la mar común,
Resultado de todas nuestras lágrimas.

En vuelo de Las Palmas de Gran Canaria a Madrid, 4-09-1993.

                    Pequeña elegía a Federico.
V

Federico,
Tu muerte me sigue doliendo
Como un tiro en el culo.

Moriste por haber puesto en evidencia
La maldad,
La cobardía,
La envidia
Y el rencor de los miserables...

Por amar a las mujeres y a los gitanos
Y manifestarlo,
Por amar a los hombres
Y sufrir por ello mucho más
Que si hubieras amado sólo a las mujeres.

Moriste, en fin, por simplemente ser poeta.

Si pudieras venir ahora, Federico,
Y ver lo que sucede
Tu asombro sería grande.
Sobre todo por ver
Cómo aún perduran,
Pese a los grandes cambios,
La maldad,
La cobardía,
La envidia
Y el rencor de los miserables.

Tu muerte aún retumba
En esa tumba ignota
Donde yaces.

Y retumba también
En tantas otras tumbas,
También desconocidas,
Donde yacen
Tantos otros muertos.
Muertos, como tú,
Por pensar diferente
Y por amar.

Valdemorillo, 13-04-08 / Madrid, 6-11-2011 y 3-01-2012

VI

Quisiera, como Federico,
Haber tenido un balcón
Para ver el mundo.

Ese balcón de la infancia
Por el que mirar
Lo de fuera
Desde tu habitación
Cuyas paredes familiares
Te protegen
Y hacen familiar
Todo lo que se ve a su través.

Sí, quisiera haber tenido ese balcón

Y ahora también quisiera tenerlo
Para decir, como Federico:
Si muero,
Dejad el balcón abierto.

Pero no puedo decirlo,
Nunca tuve ese balcón.

Así sólo diré
Poned balcones a los niños
Y paredes familiares
Para contemplar el mundo.

Madrid, 12-11-2011 y 3-01-2012

VII

Sí, Federico, a ti me entrego:
A tu risa y a tu llanto
A tu poesía y a tu drama
A tus imágenes de colores
A tu verbo, que pone un nudo en la garganta
Previo al estilete que la seccionará
Para verter un chorro de sangre incontenible
Que cante por praderas y marismas.

Y me entrego porque me arrebatas

Como la pasión de la novia de las bodas sangrientas
Como la sed de fruto de la mujer yerma
Como el miedo a la vida del joven que la demora en
lustros
Como la sed del público por el teatro bajo la arena
Como la del poeta que al morir quiere ver su balcón
abierto
Como la extrañeza del poeta por llamarse Federico

Sí, Federico, a ti te canto
Por el ejemplo de tu alegría
Por la música de tus palabras y de tus manos
Por la fuerza de tu poesía
Por tu amor a las mujeres y a los hombres
Por la tristeza de tu miedo, que es el mío
Por tu vil muerte
Que aún nos duele a tantos.

Madrid, 22–08-2009 / 5-04-2010 / 5-11-2011

VIII

Tu raro nombre, Federico,
El que Alberti escuchaba.
Tú, mi voz, Federico.
Tú, mi dolor, mis lágrimas, Federico.
Tú, mi miedo, mi muerte, Federico.

Pero también, Federico,
La alegría y el amor.
La música, las palabras.
La vida.

Valdemorillo, 19-08-2006 / Madrid, 6-11-2011

Llanto por Federico García Lorca.
IX

Introito

Federico,
He puesto un espejo
A tu llanto
Para llorar por ti
Como tú lo hiciste
Por tu gran amigo Ignacio
Que fue más que un gran torero.

Quizás así mis lágrimas
Puedan llegar a ser
Un reflejo de las tuyas.
El desafío a la muerte,
Que todo torero invoca
En todas sus suertes,
Que se resumen en solo una,

Es lo que más cantaste en tu llanto.
Sin olvidar por ello
Otros tantos valores
Que le adornaban
Como aquel aire de Roma andaluza
Que doraba su cabeza.

Así su suerte y su muerte eran también las tuyas.

Y haciéndote uno
Con nuestro amado Bécquer
Acentuaste la soledad
De tu amigo muerto
Cuando ya no le conocían
Ni el toro, ni la higuera,
ni caballos, ni hormigas de su casa.
Pero tampoco el niño ni la tarde.
Porque había muerto para siempre
Olvidado en un montón de perros apagados.

Y por todo ello le cantaste
Con palabras que gemían por él
Igual que mis palabras gemirán ahora por ti.

Cuando acabé la segunda parte de tu llanto
El espejo sólo reflejaba
Un paisaje neblinoso
De barrancos

Con algunos árboles aquí y allá
Y el suelo cubierto de ramos de flores
En él depositados.
Enseguida comprendí:
La tercera parte de tu elegía
lleva por título: "Cuerpo presente".
De ahí que mi llanto por ti
Sólo tenga tres partes.
Hube de refundir las dos últimas
En una sola titulada "Cuerpo ausente y alma presente".

Espero que comprendas mis razones
Y confío en tu benevolencia
Ante mi atrevimiento.

I. El asesinato

Nora tal que no se sabe
A una hora incierta tal que nadie sabe.
    Le sacaron a recios empujones
nora tal que no se sabe.
    Ellos traían armas asesinas
nora tal que no se sabe.
    Y apuntaron con todo su cuidado
nora tal que no se sabe.
    Una espuerta de cal ya prevenida
nora tal que no se sabe.

Lo demás era muerte y todo muerte
nora tal que no se sabe.

El aire arrampló con las conciencias
nora tal que no se sabe.
Y el odio se esparció por los confines
nora tal que no se sabe.

Entonces fue cuando le dispararon
nora tal que no se sabe.
Unos fulgores de muerte se vieron
nora tal que no se sabe.
Le alcanzaron seguro varios tiros
nora tal que no se sabe.
En salva sea la parte más de uno
nora tal que no se sabe.
Por ser masón y pecador nefando
nora tal que no se sabe.
El poeta cayó de muerte herido
nora tal que no se sabe.

Cuando la sangre le empezó a brotar
nora tal que no se sabe.
Cuando su vista se nubló del todo
nora tal que no se sabe,
La muerte anidó en las heridas
nora tal que no se sabe.
El miedo ya perdía su sentido
nora tal que no se sabe.

Sólo familia y amigos veía
nora tal que no se sabe.
Las palabras cantaban como pájaros
nora tal que no se sabe.
Y cuando el estro salió por su boca
nora tal que no se sabe.
Las heridas lleváronle a la muerte
nora tal que no se sabe.

Nora tal que no se sabe
¡Terrible hora tal que no se sabe!
¡Hora ignorada en todos los relojes!
¡Hora en que ya era demasiado tarde!

II. La sangre derramada

¡Que no puedo verla!

Dile a la luna que venga,
que no puedo ver su sangre
derramada por la arena.

¡Que no puedo verla!
La luna le mira, mira
igual que miraba aquélla
a quien en bodas de sangre
buscaba la muerte a ciegas.
¡Que no puedo verla!

Pues la han hundido en la tierra
¡Avisad a los zahoríes
que busquen ya lo que queda!

¡Que no puedo verla!

La máscara del teatro
con indignación se queja
y hace vibrar a Talía
en su pedestal de piedra.
Pues este crimen horrible
miles de huérfanos deja:
los músicos y pintores,
los actores y poetas.
¡Oh!
¡Que no puedo verla!

Federico siempre tuvo
un sabor de muerte cierta
que le amargaba la boca
y nos lo mostró en la escena.
Buscaba un nuevo teatro,
un teatro bajo la arena.
Buscaba un lugar seguro
y encontró su calavera.
¡No me impidáis que la vea!
Y es que un velo de silencio
se ha extendido sobre ella.
Y después de tanto tiempo

sólo hueso es lo que queda
de un poeta maravilloso
cuyos restos no se encuentran.
¡Yo quisiera verla ahora!
¡No me impidáis que la vea!

Sí, sus ojos se cerraron
cuando sintió el cañón cerca
con un verde escalofrío
de terror y de tristeza.
Y atravesando los olivares
se oyó un lamento de plañideras
que lloraban verdaderamente
la execrable muerte del poeta.

No hubo poeta en Granada
que comparársele pueda,
ni verso como su verso
ni escena como su escena.
Un gran río de metáforas
inundaba sus poemas
y un temblor de sangre antigua
la escena de sus tragedias.
Lo andaluz le puso el santo
y lo universal la seña.
¡Qué consigna tan airosa
Y qué obra llena de fuerza!
Los recuerdos de su infancia

y la muerte venidera
eran en sus argumentos
una obligada presencia.
¡Qué gran poeta de España!
¡Qué gran autor en la escena!
¡Tierno con los personajes,
Mas duro cuando se tercia!
¡Qué amigo de vida y muerte,
y de la luna con ellas!
¡Qué tremendo anticipando
Su asesinato y la guerra!

Ahora ya duerme sin fin,
ya su voz es muda estrella.
Su hermosa visión del mundo,
porque nunca más la tenga
ni a otros pueda transmitirla,
fue cortada con violencia
por aquellos asesinos
que quisieron terminar
con el surco de su huella.

Mas su sangre ya ha estado regando,
aparte de barrancos y malezas,
las arterias de muchos de nosotros
para vibrar igual que el gran poeta.

¡Oh blanco muro de España!

¡Oh negro monstruo de pena!
¡Oh sangre pura de Lorca!
¡Oh ruiseñor de sus venas!
Sí.
¡Que sí quiero verla!
No digo su sangre, que no queda.
¡Yo me refiero a su calavera!
Por el amor de hombres y mujeres
y por todos los seres de esta tierra.
A quienes amó tanto Federico.

Sí.
¡¡Yo sí quiero verla!!

III. Cuerpo ausente y alma presente

Lo que tú mismo cantaste de Ignacio
Se ha hecho realidad con tu cadáver.
Pero no con tu obra y tu recuerdo
Aunque te hayas muerto para siempre.
Tu recuerdo no es mudo es clamoroso
Porque tu obra nos conmueve a todos
Y junto a Calderón miras al mundo
Aunque esté disfrazado de teatro.

Los asesinos quisieron callarte
Y consiguieron que no hablaras más
Echando tierra encima de tu cuerpo

Y echando tierra encima de tu obra.

¡Dejad abiertos todos los balcones!
Para que el mundo escuche nuestro canto.
Es un canto en honor de Federico
Con palabras que gimen por su muerte.

La tierra es sepultura donde los muertos yacen
Sin tener una tumba, ni lápida, ni flores.
La tierra los acoge porque es madre de todos
Y porque ella está hecha del mismo polvo nuestro.

Pero no es de justicia que nuestros muertos queden
Ignorados del todo sin tener paradero
Al que acudir podamos para rendirles culto.
Porque ellos fueron alguien y algunos fueron mucho.

Y de entre ellos algunos fueron faros visibles
Que con su luz abrieron caminos a los hombres
Dándoles un ejemplo de amor y tolerancia
Y de alegría fresca que mana de la vida.
Por eso, Federico, pues eres uno de ellos,
Clamo por que te encuentren en perdidos barrancos
Y que pongan tus restos en lugar conocido
Donde podamos todos ofrecerte homenaje.

Madrid, 1-09-2025

a Dámaso Alonso

(1898 – 1990)
Por su poema *Monstruos.*

Si yo fuera un monstruo
—que es probable que lo sea—
bramaría por lo rincones
tratando de evitar a tantos monstruos
como me rodean
porque no comprendo cómo han podido
contagiarme su monstruosidad.

Pero yo sé que han sido ellos.
¿Quién si no?

Parecería entonces
que fuéramos todos iguales,
pero no, no es así.

Ahí reside precisamente la monstruosidad
que nos aqueja.
En creernos más y mejores unos que otros,
o menos y peores otros que unos.

Y sin darnos cuenta decimos:
en la variedad está el gusto.

Madrid, 25-05-2025

a Salvatore Quasimodo

(1901 – 1968)

Pero qué tarde es siempre para amar.
Primero tus padres,
A quienes hubieras querido querer
Un poco más
O un poco al menos.

Luego tus hermanos,
A quienes quieres
Como si fueran hermanos de otro.

Y luego eso,
El gran amor de tu vida.
Disfraz de algunos
Para hacerte picar
Y que después de un tiempo,
Cuando entreves
Su auténtica naturaleza
Tiemblas de desencanto
Y desolación.

¡Qué tarde es siempre para amar!
Tarde, siempre tarde.

En el escaso tiempo que me queda ya por vivir
¿Seguirá siendo siempre tarde?

Después de leer "Pero qué tarde es siempre para amar;
perdóname, pues" (Salvatore Quasimodo, "Diálogo", pág. 561
de *Poesía completa*, Linteo Poesía. Eds. Linteo, Orense 2004).
Madrid, 27-01-15 / 18-02-15

a Luis Cernuda

(1902 – 1963)

Antiepitafio a Luis Cernuda

I

Huido con el viento,
Desde la luz venido.

Mientras, amor en pena,
Amor imaginario,
Cuerpos desvanecibles al abrazo.

Realidad y deseo.

Un adolescente solo frente a un muro,
Un naipe sin baraja,
Un cuerpo caminado,
Pisado por otros.

Aquí no yace Luis Cernuda,
Muerto sin morir,
Pues no ha vivido.

Madrid, 7-02-2012

Por su poema *Eras, instante, tan claro…*

II

Mi vida llena de instantes,
De esos instantes tan claros
A los que aludió el poeta.
Instantes llenos de luz
Que son como un fogonazo,
Que prometen un futuro
Y que se quedan en nada
Si no es en este recuerdo,
En este sabor amargo
Del deseo incumplido
Con sus tercas ansias vagas.
Y en esta soledad cierta
Que es la soledad de siempre.

Madrid, 27-04-2013

III

No fui niño
Ni casi adolescente.

Ya de adulto
La juventud pasó
Entre el sueño y el deseo.

Cuando quise darme cuenta
Ya era mayor.

Y aquí estoy,
En mi atalaya,
Con la esperanza de ser alguien
Todavía.

Hospital de Calatrava
Almagro, 24-08-2011

IV

Te amo, soledad,
Porque eres mía.
Mía como nadie lo ha sido,
He dicho nadie.

En ti lo cifro todo,
Tristeza y alegría,
Amor y desamor,
Estar y ser.

Scr solo cn ti,
Soledad compañera.

Hospital de Calatrava
Almagro, 24-08-2011

a Rafael Alberti

(1902 – 1999)
Por su libro *A la pintura.*

A la Perspectiva

Instrumento del espacio,
Maga de la lejanía,
Del infinito armonía
Donde llegas con despacio.

Norte y guía del pintor,
Composición apolínea:
Perspectiva de la línea,
Perspectiva del color.

Digna manera de ver,
Forma de profundizar,
Fundamento del mirar
Y base del entender.

Sólo tu magia llega al horizonte
En tal disposición proporcionada
Que parece invitar a la mirada
A traspasar la cumbre de aquel monte.

Con tus leyes compones y dispones,
Punto de vista universal y eterno,

Centro del arte antiguo y del moderno,
Horizonte de todas las visiones.

Bramante, Rafael, Francesca, Ucello
Con celo ayer te amaron, como otros:
Vinci, Durero, Giotto y Donatello.
Y los que hoy te amamos, aunque pocos,
Hockney, Bacon, Duchamp, Escher, con celo,
Y aun otros cuantos que nos llaman locos.

Facultad de Bellas Artes (UCM), 12-03-1993

a Pablo Neruda

(1904 – 1973)

I

Entre yo y vosotros,
Como Neruda,
Estoy.

Valdemorillo, 7-01-2007

Por su poema de amor n° 20.

II

Fue tan corto mi amor,
Unos pocos meses en muchos años,
Que casi no ha existido.

Y es tan largo el olvido
Que duró muchos años,
Incluso ahora dura en estos versos.

Intentaré que éste sea
Mi último poema de amor
Pues ya no tengo tiempo para olvidar.

Madrid, 7-06-2015

a Gabriel Celaya

(1911 – 1981)

I

Del pasado sabemos que fue,
Del futuro que vendrá
¿Y del presente?
Del presente apenas sabemos nada.

*

El futuro,
Ese tiempo inasible
Que, apenas llegado, deja de serlo
Para ser un presente efímero
Que, nada más lo es,
Se convierte en pasado.

*

El tiempo ¿pasa por nosotros?
¿O somos nosotros los que pasamos por el tiempo?
En cualquier caso, un recorrido:
La vida.

*

Dicen que la vida pasa,
Pero ¿pasa por nosotros?
¿O sólo nos pasa por delante?
O ¡quién sabe si por detrás!
O quizá de lado.
Posiblemente éstas son
Las distintas formas
Que tiene de pasar la vida.
Y lo hace según le da:
Unas veces así y otras asá.
¡Y así nos va!

Hospital de Calatrava, Almagro, 23-07-2011

II

Después de muchos rodeos
He descubierto quién soy:
Sólo un hombre,
Una persona,
Un niño.

Ahora sólo me queda vivir como tal
Y reír y reír
Como compensación.
De tanta tensión,
De tanto sufrimiento,
De tanto asombro.

Talgo Ávila-Orense, 16-06-02 / AVE Madrid-Málaga, 1-01-2014

III

El tiempo sin nadie
Que pasa silencioso por mi lado
¿Adónde va, si es que el tiempo va a alguna parte...?

El tiempo
¿Es como el espacio, que nos acoge?

Acaso el tiempo se expande como el universo
Y entonces ni tiempo ni espacio nos acogen,
Sino que entre sus partículas disgregadas
Buscamos desesperadamente un refugio.

Pero así cada vez abarcaríamos más
Y los brazos se nos harían delgados como hilos
Para romperse al final.

Imaginad, pues, lo que sería del corazón.
Sólo que previsiblemente
Se rompería mucho antes
Por una u otra razón
De tantas como hay para romperlo.

Valdemorillo, 6-09-2005

a Eugenio Granell

(1912-2001)

Por su autorretrato, que es pura poesía.

In memoriam

I

Tu cabeza anclada
Que a nada se agarra.
Un ojo en su sitio
Y el otro adelantado,
Adelantado de las Españas
Y vigía de los mares.

Tu ojo volandero
Suspendido sobre el tiempo-
Conectado a su nido
Por un imperdible
Para que no se pierda tu mirada.
Tu mirada doble: desde dentro y desde fuera.

Tu mejilla, entre lívida y rosada,
Entre enferma y ruborizada,
Entre maquillaje teatral y pintura de guerra

Tu nariz, oledora del tiempo,
Atenta a su paso,
Afilada en geometrías temporales.

Tu ancla de secano
¿Cómo te entró el ancla?
¿Te cayó, vertical, tu propia espada de Damocles?
¿Acaso al chocar contra la roca
Se abrió y se ancló,
Dándote apoyo y diversidad?

Y tu mensaje, vuestro mensaje,
Pues de Marcel lo has hecho tuyo,
Dando la clave de tu mirada.

II

Nuevamente me dejé atrapar
Por tu mirada imposible.

Desde tus treinta y dos años
Me mirabas
Con un ojo aquí y otro allá.

¿Cómo es posible que una mirada así
Tenga ese poder hipnótico?

Tu mirada,
Entre el tiempo y el espacio,
Me atrapó otra vez.

III

Tu cabeza está anclada,
Supuestamente anclada
Entre aquí y allá.

Pero
¿Y tu cuerpo, Granell?
¿Dónde está tu cuerpo?

Quizá no lo encontrabas en España,
Pero ¿acaso estaba en América?

IV

Desgajada, arrancada de tu cuerpo.
Así está tu cabeza...

Desplazado, ahuecado, ido de su cuenca,
Así está tu ojo...

¡Doble dolor!

Dolor de la palabra,
Dolor de la imagen.

Y el sentimiento,
Atrapado entre los dos,
Redolorido.

Dolor de guerra
Dolor de destierro
Dolor de amor...

Pazo de Bendaña, Santiago de Compostela, junio de 2001

a Octavio Paz

(1914-1998)
En su centenario

XÑ o ÑX

México niño
España añosa
México retoño
España exigente
México empeñado
España exigua
México hogaño
España antaño
México soñado
España exiliada
México cariñoso
España expatriada

México-España
Extraña añoranza.

Madrid, 29-01-2014

a Nicanor Parra

(1914 - 2018)
Diálogo con Nicanor Parra acerca de sus "Tres poesías".

1
Sí, todo ha sido dicho muchas veces,
Pero a mí no me importa que así sea:
Habrá que repetir algunas cosas.

2
Sólo el eco contesta mis preguntas
Y cuando creo oír alguna cosa
Como me ocurrió en Delfos hace un tiempo
Me temo que yo mismo contestaba
Como un eco mental de mis deseos.

3
Sí, ya queda poco tiempo
Que disfrutar antes de los gusanos.

Madrid, julio-agosto 2013

a Charles Bukowski

(1920 - 1994)

No sé escribir como tú,
Cada uno tenemos nuestro modo de hacerlo.
Pero sí,
Si no sale como una llama de dentro
No vale la pena escribir.
Porque escribir es pensar y decir,
Pero no sólo con la mente y con la boca,
Sino con el corazón y las tripas.
Para escribir no hay excusa que valga.

Sólo quiero decirte, amigo Charles,
Que vibro con lo que dices,
Que tu soledad, tu rabia, tu miedo y tu pena
Son las mías.

Y también que me gusta tu sencillez,
Tu estilo directo
—Eso que algunos llamarían vulgaridad—,
Tu comprensión del mundo,
Tus ganas de pelear,
Tu compasión y tu amor al gas.
Y sobre todo tu vocación de escritor
Para seguir mejorando,
Para seguir golpeando

Con el deslumbrante relámpago
De la palabra.

Si pudiera
Fumaría y bebería como tú.
Fumar y beber para olvidar
Que no sabemos ni quiénes somos,
Que estamos rodeados de animales muertos,
Que nuestro destino
Es llenar nuestra tumba.

Madrid, 23-11-2021

a Ángel González

(1925-2008)

¡Morirse mucho muchas veces!
Eso es lo que hacemos día a día
Desde el alba al ocaso
Y también
Muchas veces de noche
En nuestras pesadillas.

Así vamos viviendo
Con fatiga,
Sabiendo que mañana
Será nuevamente otro día
Para seguir muriendo
¡Así es la vida!

Mas no lloréis por ello
Que es condición humana
Y ley divina.

Madrid, 11-02-2012

a Manuel Alcántara

(1928 - 2019)

Todos llevamos dentro un muerto propio
Que vamos arrastrando año tras año
Y es quien cuando morimos nos reemplaza
Y así nosotros desaparecemos.

El muerto que yo llevo está muy vivo
No me deja vivir despreocupado
No permite en mi cara la sonrisa
Paso a paso me lleva con firmeza.

Esto ¿es vida o es muerte? me pregunto
Sin que nadie me aclare la respuesta
Ni yo tampoco pueda averiguarla

Es un tira y afloja hacia la tumba
Que cansado me tiene de aguantarlo
Pues me conozco bien el fin del cuento.

Valdemorillo, 18-03-2004
Madrid, 5-11-2011

a Jaime Gil de Biedma

(1929 - 1990)

La innoble servidumbre de amar seres humanos,
y la más innoble
que es amarse a sí mismo.

Sí, noble poeta
¡qué bien resumes la miseria
y la grandeza de la vida!

Innoble servidumbre cuando pones el amor
en quien no lo merece.
¡Y sucede tanto!

Innoble servidumbre cuando el amor es sólo deseo,
Satisfacción, necesidad...
¡Y pasa tanto!

Innoble servidumbre cuando crees que el amor es
necesario,
que no puedes vivir sin alguien a quien amar y que te
ame
¡Y es tan frecuente!

¿Más innoble aún si te amas a ti mismo?
Si es amor propio de ése que se hiere fácilmente,
sí, será innoble.

Si te amas a ti mismo carnalmente
Sólo será innoble si es costumbre y mala
¡Y ocurre a menudo!

Ser innoble, sufrir, estar solo,
¡Vaya trío de verbos!
Pero ¿cuál fue el verbo que fue al principio?

Madrid, 26-05-2012

a Francisco Brines

(1932 - 2021)

I

Ya viene la luz, tan esperada,
Convirtiendo la soledad en un páramo resplandeciente
Donde ya no hay dolor.

El pasado ya no importa, ni el futuro.
Porque la luz es el momento,
Es la plenitud,
Es la vida.

Por eso dicen que la esperanza brilla
Pues la esperanza es la vida en todo su esplendor.

La vida, que conduce hacia la muerte inevitable.
La muerte que, a su vez, conduce hacia la luz.

Madrid, 1-03-2013

Después de leer su poema *El porqué de las palabras*.

II

Yo sí amé las palabras
Y aún las amo.

235

No sé cómo empezó,
Pero sé que en mí resonaban como música.

Y también sé que me he aferrado a ellas
Como a un flotador
En el mar borrascoso de la vida
Donde el dolor es su entraña
Y la soledad su compañía.

Madrid, 1-03-2013

a Claudio Rodríguez

(1934-1999)
Por su poema *Ajeno*.

El día se hace largo
Por no amar, ya lo sé
—Y de ahí mi dolor—
Oigo cuerpos lejanos
Que nunca serán míos.

Ya encerrado en mi casa
Tratando de dormir
Mi soledad me agota
Hasta el amanecer.

Me abro de nuevo al mundo
Al empezar el día
Y paseo mi calle
Como si fuera cojo,
Solo con mi fatiga,
Y de mi boca salen
Sólo palabras muertas.

Encerrado en mí mismo
Mi soledad abrazo
En posesión de nada
Ajeno vivo a todo.

No podéis conocerme
No me perdonaréis
Porque no amo.

Los días se hacen largos
Y más larga la noche.

No habitaré mi casa.

Madrid, 13 y 14-01-2012

A Javier Lostalé

(1942)

Por su poema *Solitud.*

Soledad de solitudes
Solitud de soledades
Un otoño de palabras
Un lugar inencontrable
Donde no te reconoces.

Hablar solo está muy bien
Pero no sin que haya nadie
Con quien puedas simular
Que disfruta al escucharte.

Mas si ese alguien eres tú
Quizá puedas conciliarte
Contigo mismo, lo cual
No es cosa insignificante.

Madrid, 3-11-2025

a Juan Manuel Calvo Álvarez

(1942)
Por su libro *Perisonetos,*
editado por Bubok Publishing S.L.

Soneto con estrambote

Airoso sonetista del demonio,
También a veces algo sonetero,
Que tanto soneteas con esmero
¿De dónde sacas tanto patrimonio?

Todo lo tocas con palabra aguda,
Desde lo más mundano a lo más hondo,
Y con ello haces verso muy redondo
Sin que te quepa ni la menor duda.

Sonante y asonante versificas
Y hasta sin rima el verso te permites
E incluso su estructura modificas.

Eres poeta sin que solicites
Permiso para serlo y no criticas
Ni tampoco te tomas los desquites
Sino que la palabra magnificas.

Madrid, 2025

241

a Ignacio Gómez de Liaño

(1946)
Por su poema *Siempre quise, de Nauta y Estela,*
recogido en Carro de noche, Ars Poética,
Madrid 1917.

Sentado en la roca
junto al mar,
solo,
ves y escuchas
allá lejos, en el horizonte,
fragmentos y ecos del Arte y de la Historia
que quizá sean del pasado, del presente o del futuro.

Una mano que sujeta un guante
destaca entre todo ello,
te hace un gesto desganado
de atención
y te susurra
pistas sonoras para invocar recuerdos.

Entre la comprensión y el sentido
sólo el asombro encontrabas
mientras te ibas sumido en tus pensamientos
camino del mar del olvido.

Allí volvías cada día solo

para abandonarte en el silencio
y soñar con lechos estelares
sintiendo vagamente
que estar allí era como no estar
en ninguna parte.

Madrid, 23-09-2025

a Luis García Montero

(1958)

Por su poema *Espejo, dime.*

Dos soledades juntas
Dice el poeta que es la poesía.
Pero ¿no lo es también
la sola soledad como la mía?

Es doble sentimiento
Esta soledad mía siempre sola
Pues el echar de menos
Compañía es soledad que añora.

Aunque ahora ya veo
Que al pensar y escribir esto que escribo
Ya no me siento solo:
Porque te busco a ti, lector amigo.

Y es amistad fingida
Como también nos dice otro poeta
¿Es que amar no es fingir?
Amar parece ser una gran treta.

Artificio sutil
Para no estar tan solo.

Amar y ser poeta
Nacen del mismo tronco.

Madrid, 2-1-2020

a Karmelo C. Iribarren

(1959)
Por su poema *Cantos de vida y añoranza*.

En los bares
todo se recuerda, todo se dirime, todo se debate.

Así el pasado,
del que mucho se inventa
el presente,
de discusiones acaloradas,
y el futuro,
misterioso e inasible,
presumible e inventable.

Todo cabe
entre la esperanza y la melancolía.

Madrid, 9-08-2025

a Leopoldo Alas Mínguez

(1962 - 2008)

De tu miedo hiciste una proeza,
Y de tu amor piedra de pedernales
Con que encender a todos los mortales
Para poder salir de tu tristeza.

Bailaste con el ángel y el vampiro,
Sin tú saber muy bien con quién bailabas.
Y entre el blanco y el negro tú dudabas
A quíén correspondía ese suspiro.

Leopoldo, buenas alas te dio el cielo
Para sobrevolar a los mortales
Y en ello te empeñaste con gran celo.

Tu ángel y tú ya sois inmortales
Y en esa condición tendrás consuelo
Sólo por no sufrir más estos males.

Valdemorillo, 2-08-2008
Madrid, 6-11-2011

Este poema ha sido publicado en el prólogo a la obra ganadora del Premio LAM 2023: Sergio Adillo, *El dulce lamentar de los pastores (Égloga trashumante)*, Fundación SGAE, Madrid 2024.

a Javier Mateo

(1988)

Por su poema *¿Cómo la casa que habita un Dios?*,
en *Arquitectura del sueño*, Huerga y Fierro editores,
Madrid 2024.

Los seres humanos sabemos hacer muchas cosas.
Una de las más potentes ha sido inventar a Dios.
Lo hemos conformado con palabras, con música,
con arquitectura y con imágenes.
Donde más se nota el invento es en la palabra,
sobre todo cuando decimos "palabra de Dios".

Pero si escuchamos a Bach
o visitamos una de las hermosas catedrales góticas
en las que el aire está coloreado
por las imágenes de sus vidrieras
al proyectarse en el interior
podemos llegar a creer
que esa luz teñida es Dios,
que habita en el espacio de la iglesia.

La pregunta es: ¿cuántas casas tiene Dios?

Mas, como dice el poeta: "donde en otro tiempo hubo
gloria,

ahora sus partes —del rosetón a los contrafuertes—
hablan
del esqueleto moribundo del espíritu".

Y es más difícil restaurar un espíritu que un templo.

Madrid, 27-09-2025

a Miguel Hernández
(1910 - 1942)
y a Pablo Neruda
(1904 - 1973)

¡Querida cebolla!
¡Cómo relativizas mis penas!
Pues lloro más por ti que por ellas.

Y además me estremeces
Con tu intenso picor
Que me hace sentir vivo.

Otros poetas te cantaron
Con verbo genial
Por otras razones.

Permitidme tú y ellos
Que ahora yo te cante
Por éstas, no menos importantes.

Madrid, 23-10-2011

253

Este libro se acabó de imprimir en el mes de marzo de 2026 en Madrid, y se hizo una tirada de 50 ejemplares numerados.

43